Salut! In diesem Heft findest du den gesamten Grammatikstoff von ***À plus!* 4**.
Wir begleiten dich durch dein Grammatikheft und geben dir Lerntipps.

Was du schon weißt

Hier findest du eine Zusammenfassung der Grammatik von *À plus!*, Band 1, 2 und 3.

Im Kapitel „Was du schon weißt“ (S. 7–30) kannst du den Grammatikstoff von ***À plus!*, Band 1, 2** und **3** nachschlagen und wiederholen.

S'il **ratait** un examen, il le **repasserait** plus tard.
Si ses parents n'**étaient** pas contre, il **deviendrait** reporter.

Mit einem irrealen Bedingungssatz kannst du ausdrücken, was geschehen würde, wenn eine bestimmte Bedingung erfüllt wäre (sie ist es aber nicht). Im irrealen Bedingungssatz verwendest du im ***si***-Satz ***imparfait*** und im Hauptsatz ***conditionnel présent***.

MERKE ***si***-Satz: ***imparfait*** Hauptsatz: ***conditionnel présent***

! ***s'il, s'ils*** aber: ***si elle, si elles, si on*** (keine Verkürzung vor ***elle, elles, on***)

In jedem Abschnitt findest du zuerst französische Beispielsätze, in denen der neue Grammatikstoff fett gedruckt oder farbig hervorgehoben ist. Im blauen Kasten findest du dann die Erklärung zu der neuen Grammatik. Neben dem **MERKE** steht die Kurzfassung der Regel. **Unser Tipp**: Am besten lernst du diese Regel auswendig.
Das Ausrufezeichen bedeutet, dass etwas besonders auffällig ist oder es sich um eine Ausnahme handelt.

🇫🇷	S'il **faisait** beau, on **irait** à la plage.	imparfait – conditionnel présent
🇬🇧	If the weather **was** fine, we **would go** to the beach.	simple past – conditional I

Manchmal ist etwas im Französischen ganz genauso wie im Deutschen oder wie im Englischen, manchmal aber auch ganz anders. Hier kannst du die Sprachen miteinander vergleichen.

Hast du das verstanden? ▶ **Webcode**: APLUS-4-GH
Übersetze ins Deutsche. Verwende dabei ein deutsches Passiv.
1. Les jeux de cartes se jouent aussi sur ordinateur.
2. Ici, on ne fume pas. 3. En Suisse, on parle aussi français.

In den grünen Kästen kannst du überprüfen, ob du die neue Grammatik verstanden hast. Die Lösungen findest du auf **www.cornelsen.de/webcodes** unter dem Webcode **APLUS-4-GH**.

3 Fais le point

Hier kannst du überprüfen, was du in der *Unité* 3 gelernt hast. Diese Aufgaben kannst du unter www.cornelsen.de/webcodes APLUS-4-GH-47 herunterladen und ausfüllen.

1 *Passé composé* **oder** *plus-que-parfait*? **Ergänze die Sätze.**

1. Quand Eva ? *(arriver)* à l'école, les cours ? déjà ? *(commencer)*. Elle ? *(devoir)* rentrer à la maison parce qu'elle ? *(oublier)* son carnet de correspondance.

Am Ende jeder *Unité* steht ein *Fais le point*. Hier kannst du überprüfen, ob du die Grammatik der *Unité* beherrschst. Diese Aufgaben kannst du auch auf **www.cornelsen.de/webcodes** unter dem angegebenen Webcode herunterladen. Du kannst sie entweder direkt am Computer bearbeiten oder sie dir ausdrucken. Die Lösungen zu diesen Aufgaben findest du auf **www.cornelsen.de/webcodes**, ebenfalls unter dem Webcode **APLUS-4-GH**.

AUF EINEN BLICK
Wann wird das Partizip Perfekt verändert?

Hier sind die wesentlichen Informationen zu einem grammatischen Thema in einer Übersicht zusammengefasst.

passé simple
(einfache Vergangenheit). Zeitform der Vergangenheit, die fast nur in der geschriebenen Sprache verwendet wird und deren Gebrauch etwa dem des → *passé composé* entspricht: *Elle **parla** à son mari.* (p. 49–50/26)

Auf den Seiten 56–65 findest du ein Lexikon der grammatischen Begriffe sowie verschiedene Übersichten zu den Verben (Verbergänzungen, Zeitformen und Modi, Verbendungen).

Viel Erfolg beim Französischlernen – und viel Spaß!

Inhaltsverzeichnis

Was du schon weißt

Was du schon weißt

Hier findest du eine Zusammenfassung der Grammatik von *À plus!*, Band 1, 2 und 3.

1 Die Begleiter des Nomens | Les déterminants du nom

Der bestimmte Artikel

	maskulin		feminin	
	vor Konsonant	vor Vokal	vor Konsonant	vor Vokal
Singular	**le** garçon	**l'**ami	**la** fille	**l'**amie
Plural	**les** garçons	**les** amis	**les** filles	**les** amies

Der unbestimmte Artikel

	maskulin		feminin	
	vor Konsonant	vor Vokal	vor Konsonant	vor Vokal
Singular	**un** garçon	**un** ami	**une** fille	**une** amie
Plural	**des** garçons	**des** amis	**des** filles	**des** amies

Der Possessivbegleiter

	maskulin		feminin	
	vor Konsonant	vor Vokal	vor Konsonant	vor Vokal
Singular	**mon/ton/son** livre	**mon/ton/son** ami	**ma/ta/sa** sœur	**mon/ton/son** amie
Plural	**mes/tes/ses** livres	**mes/tes/ses** amis	**mes/tes/ses** sœurs	**mes/tes/ses** amies
Singular	**notre/votre/leur** livre	**notre/votre/leur** ami	**notre/votre/leur** sœur	**notre/votre/leur** amie
Plural	**nos/vos/leurs** livres	**nos/vos/leurs** amis	**nos/vos/leurs** sœurs	**nos/vos/leurs** amies

Der Demonstrativbegleiter

	maskulin		feminin	
	vor Konsonant	vor Vokal	vor Konsonant	vor Vokal
Singular	**ce** garçon	**cet** ami	**cette** fille	**cette** amie
Plural	**ces** garçons	**ces** amis	**ces** filles	**ces** amies

Der Fragebegleiter *quel*

	maskulin		feminin	
	vor Konsonant	vor Vokal	vor Konsonant	vor Vokal
Singular	**quel** garçon	**quel** ami	**quelle** fille	**quelle** amie
Plural	**quels** garçons	**quels** amis	**quelles** filles	**quelles** amies

Der Begleiter *tout*

	maskulin		feminin	
	vor Konsonant	vor Vokal	vor Konsonant	vor Vokal
Singular	**tout** le livre	**tout** l'argent	**toute** la classe	**toute** l'équipe
Plural	**tous** les livres	**tous** les amis	**toutes** les copines	**toutes** les amies

1.1 Der Gebrauch des bestimmten Artikels | L'emploi de l'article défini

– On va au cinéma, **vendredi**? ... am Freitag ...
– Non, **le vendredi**, je suis toujours chez ma grand-mère. ... freitags ...

Wochentage stehen ohne bestimmten Artikel, wenn ein einziger, bestimmter Tag gemeint ist. Wochentage stehen mit bestimmtem Artikel, wenn ein regelmäßig wiederkehrender Wochentag gemeint ist (etwas geschieht jede Woche an diesem Tag).

Il aime **la** musique. Romain préfère **l'**athlétisme.
Elle déteste **le** tennis. Hélène adore **les** chiens.

Nach den Verben ***aimer, détester, préférer*** und ***adorer*** steht das Nomen mit dem bestimmten Artikel.

la France **l'**Allemagne **la** Chine **le** Québec **le** Portugal **le** Maroc **les** États-Unis

Im Französischen verwendest du vor Ländernamen meistens den bestimmten Artikel. Im Deutschen verwendest du in der Regel keinen Artikel. Die meisten Ländernamen sind im Französischen feminin, einige sind maskulin, und einige stehen im Plural (▶ p. 24/7.1).

1.2 Der zusammengezogene Artikel | L'article contracté

mit *de*	mit *à*
Noah fait **de la** musique.	Les élèves sont **à la** cantine.
Les filles sortent **de l'**école.	Jade est **à l'**infirmerie.
Lisa joue **du** piano.	Bilal parle **au** professeur.
Il fait une photo **des** copains.	Les enfants vont **aux** toilettes.

Die bestimmten Artikel ***le*** und ***les*** werden mit den Präpositionen ***à*** und ***de*** zusammengezogen. ***La*** und ***l'*** werden nicht mit den beiden Präpositionen zusammengezogen.

MERKE ~~*à + le*~~ *= au* ~~*à + les*~~ *= aux* ~~*de + le*~~ *= du* ~~*de + les*~~ *= des*

2 Der Teilungsartikel und die Mengenangaben | L'article partitif et les quantifiants

Teilungsartikel

Ils achètent	**du** beurre,	**de la** farine,	**de l'** eau,	**des** chips.
Sie kaufen	— Butter,	— Mehl,	— Wasser,	— Chips.

Der Teilungsartikel hat die gleiche Form wie der zusammengezogene Artikel mit ***de*** (▶ p. 8/1.2). Im Deutschen gibt es keinen Teilungsartikel.

Mengenangabe

Ils achètent	**un paquet de**	beurre.	Sie kaufen ein Päckchen	–	Butter.
Ils achètent	**un kilo de**	farine.	Sie kaufen ein Kilo	–	Mehl.
Ils achètent	**trois bouteilles d'**	eau.	Sie kaufen drei Flaschen	–	Wasser.
Ils achètent	**beaucoup de**	chips.	Sie kaufen viele	–	Chips.

Nach einer Mengenangabe steht immer ***de***. Im Deutschen werden Mengen ohne Präposition angegeben. Mengenangaben können sein:

Nomen:

un kilo **de**	une assiette **de**
une bouteille **de**	une boîte **de**
une tablette **de**	un million **de**
un paquet **de**	

Adverbien:

beaucoup **de**	viel	autant **de**	genauso viel/e
trop **de**	zu viel	moins **de**	weniger
peu **de**	wenig	ne ... pas **de**	kein/e/en
plus **de**	mehr	ne ... plus **de**	kein/e/en mehr

3 Das Adjektiv | L'adjectif

	maskulin		feminin	
	Singular	Plural	Singular	Plural
1.	Il est intelligent.	Ils sont intelligent**s**.	Elle est intelligent**e**.	Elles sont intelligent**es**.
2.	Il est joli.	Ils sont joli**s**.	Elle est joli**e**.	Elles sont joli**es**.
3.	Il est adorable.	Ils sont adorable**s**.	Elle est adorable.	Elles sont adorable**s**.
4.	Il est bon.	Ils sont bon**s**.	Elle est bo**nne**.	Elles sont bo**nnes**.
	Il est nul.	Ils sont nul**s**.	Elle est nu**lle**.	Elles sont nu**lles**.
5.	Il est courag**eux**.	Ils sont courag**eux**.	Elle est courag**euse**.	Elles sont courag**euses**.
6.	Il est génia**l**.	Ils sont géni**aux**.	Elle est génia**le**.	Elles sont génia**les**.
7.	Il est sympa.	Ils sont sympa.	Elle est sympa.	Elles sont sympa.

1. Von den meisten Adjektiven bildest du die feminine Form, indem du an die maskuline Form ein ***-e*** anhängst. Das ***-e*** verändert die Aussprache der femininen Form.
2. Endet die maskuline Form des Adjektivs auf einen Vokal, kannst du das angehängte ***-e*** der femininen Form nicht hören, musst es aber schreiben.
3. Endet die maskuline Form des Adjektivs schon auf ***-e***, hängst du kein weiteres ***-e*** an.
4. Bei den Adjektiven ***bon*** und ***nul*** hängst du für die feminine Form ein ***-e*** an und verdoppelst den Konsonanten, der davor steht (***bon*** → ***bonne***). Bei ***bon*** verändert das die Aussprache der femininen Form. Aber: Alle vier Formen von ***nul*** werden gleich ausgesprochen.
5. Die Adjektive auf ***-eux*** haben nur eine maskuline Form im Singular und Plural. Die femininen Formen enden auf ***-euse/-euses***. Zu dieser Gruppe gehören auch ***dangereux, malheureux*** und ***honteux***.
6. Die meisten Adjektive, die auf ***-al*** enden, haben eine maskuline Pluralform auf ***-aux***. Zu dieser Gruppe gehören auch ***original, royal, principal***.
7. Die Adjektive ***super, sympa*** und ***cool*** sind unveränderlich.

3.1 Die Adjektive *beau* und *nouveau* | Les adjectifs *beau* et *nouveau*

	maskulin vor Konsonant	maskulin vor Vokal	feminin vor Konsonant und Vokal
Singular	un **beau** pull	un **bel** instrument	une **belle** robe/idée
	un **nouveau** pull	un **nouvel** instrument	une **nouvelle** robe/idée
Plural	des **beaux** pulls	des **beaux** instruments	des **belles** robes/idées
	des **nouveaux** pulls	des **nouveaux** instruments	des **nouvelles** robes/idées

Die Adjektive ***beau*** und ***nouveau*** haben im Singular zwei maskuline Formen:
- ***beau*** und ***nouveau*** stehen vor maskulinen Nomen, die mit einem Konsonanten beginnen,
- ***bel*** und ***nouvel*** stehen nur vor maskulinen Nomen, die mit einem Vokal oder einem stummen ***h-*** beginnen.

Vor femininen Nomen im Singular steht immer ***belle*** bzw. ***nouvelle***.
Im Plural haben beide Adjektive nur eine maskuline Form.

3.2 Die Stellung des Adjektivs | La place de l'adjectif

Au centre-ville, il y a des **petites** rues. Ce sont des rues **tranquilles.**
Il y a aussi une **grande** place. C'est une place **intéressante.**

Die meisten französischen Adjektive stehen hinter dem Nomen. Nur eine kleine Gruppe von Adjektiven steht vor dem Nomen.

MERKE Vor dem Nomen stehen: ***grand, petit, joli, bon, mauvais, beau, nouveau*** und ***jeune***.

Dans le centre, il y a aussi un **joli, petit** café **sympa**.

! Bei einem Nomen können auch mehrere Adjektive stehen: voran- und nachgestellte.

3.3 Der Komparativ des Adjektivs | Le comparatif de l'adjectif

Robin est **plus grand que** Léo.

Léo est **aussi grand que** Sophie.

Clara est **moins grande que** Sophie.

Um Personen oder Sachen miteinander zu vergleichen, brauchst du den Komparativ des Adjektivs. Um den Komparativ zu bilden, stellst du ***plus, aussi, moins*** vor das Adjektiv und ***que*** dahinter.

MERKE

+	***plus***	+ Adjektiv + ***que***
=	***aussi***	
–	***moins***	

bon/bonne	gut	**meilleur/meilleure que**	besser als
bons/bonnes		**meilleurs/meilleures que**	

! Der Komparativ von ***bon/bonne*** ist unregelmäßig.

3.4 Der Superlativ des Adjektivs | Le superlatif de l'adjectif

C'est le livre **le plus intéressant.**
C'est l'actrice **la plus célèbre.**
Ils achètent toujours les vêtements **les plus chers.**
Elles achètent toujours les baskets **les moins chères.**

Die höchste Stufe des Vergleichs ist der Superlativ. Den Superlativ bildest du, indem du vor die Komparativformen ***plus/moins*** + Adjektiv einen Begleiter stellst. Das ist meistens der bestimmte Artikel. Der Superlativ steht hinter dem Nomen.
Vergiss nicht, den bestimmten Artikel zwei Mal zu verwenden: Ein Mal vor dem Nomen, ein Mal beim Superlativ.

	Komparativ	Superlativ
bon/bonne	**meilleur/meilleure que**	**le meilleur / la meilleure**
bons/bonnes	**meilleurs/meilleures que**	**les meilleurs / les meilleures**
gut	besser als	der/die/das beste, die besten

! Der Superlativ von ***bon/bonne*** ist unregelmäßig.

Nachstellung		Voranstellung
C'est la robe **la plus belle.**	→	C'est **la plus belle** robe.
C'est le prof **le plus jeune** de notre collège.	→	C'est **le plus jeune** prof de notre collège.

! Adjektive, die vor dem Nomen stehen (▶ p. 10/3.2) können auch im Superlativ vor dem Nomen stehen.

C'est **le meilleur** acteur. Ce sont **les meilleures** baskets.

Le/La meilleur/e und ***les meilleurs/-es*** stehen immer vor dem Nomen.

4 Das Adverb | L'adverbe

4.1 Die Bildung des Adverbs | La formation de l'adverbe

Les filles rigolent **beaucoup**. Magali est **très** heureuse. Sophie a **vite** compris.

Du kennst einige Adverbien, die keine besondere Form haben.

Kevin a **facilement** appris le français.	facile	→	**facilement**
Philip ne fait **pratiquement** pas de fautes en français.	pratique	→	**pratiquement**
Normalement, Justine est très gentille.	normal/e	→	**normalement**
Heureusement, elle en a parlé à ses parents.	heureux/heureuse	→	**heureusement**

Du kannst Adverbien auch von Adjektiven ableiten. Dazu hängst du an die feminine Form eines Adjektivs die Endung ***-ment*** an. Achte dabei auf die besondere feminine Form einiger Adjektive. Im Französischen haben Adjektive und Adverbien unterschiedliche Formen, das ist im Deutschen anders.

Adjektiv	Adverb			
Alina est une **bonne** copine.	On s'amuse **bien** ensemble.	bon/bonne	→	**bien**
C'est un **mauvais** exemple.	Aujourd'hui, tout va **mal**.	mauvais/e	→	**mal**
C'est une histoire **vraie**.	Le film est **vraiment** touchant.	vrai/e	→	**vraiment**
Elle est très **gentille**.	Il m'a **gentiment** parlé.	gentil/le	→	**gentiment**

! Einige Adverbien sind unregelmäßig.

4.2 Der Gebrauch des Adverbs | L'emploi de l'adverbe

On s'amuse **bien**.
Le film est **trop** génial.
L'acteur joue **très** bien.
Normalement, il vient à huit heures.

Adverbien
– beziehen sich auf Verben,
– verstärken Adjektive,
– verstärken andere Adverbien,
– beziehen sich auf ganze Sätze.

Mon copain parle **ouvertement** de ses problèmes. — Mein Freund spricht offen über seine Probleme.
Heureusement, sa copine le comprend. — Glücklicherweise versteht seine Freundin ihn.

Ein Adverb auf ***-ment*** steht meist an der gleichen Stelle wie das Adverb im deutschen Satz.

4.3 Der Komparativ des Adverbs | Le comparatif de l'adverbe

+	En motoneige, on va **plus vite qu'**	en traîneau.	... schneller als ...
=	En motoneige, on va **aussi vite qu'**	en voiture.	... genauso schnell wie ...
–	En traîneau, on va **moins vite qu'**	en motoneige.	... langsamer als ...

Der Komparativ der Adverbien wird genauso gebildet wie der Komparativ der Adjektive: Du stellst ***plus/aussi/moins*** vor das Adverb und ***que/qu'*** dahinter.

MERKE Komparativ: ***plus/aussi/moins*** + Adverb + ***que***

4.4 Der Superlativ des Adverbs | Le superlatif de l'adverbe

Avec sa motoneige, Martin se déplace **le plus vite.**	... am schnellsten.
Mais il l'utilise **le moins souvent** possible.	... so selten wie möglich / am seltensten.
À Kuujjuaq, on vit **le plus calmement.**	... am ruhigsten.
À pied, on se déplace **le moins vite.**	... am wenigsten schnell / am langsamsten.

Du bildest den Superlativ eines Adverbs, indem du ***le plus*** oder ***le moins*** vor das Adverb stellst.

bien	mieux	**le mieux**	gut, besser, am besten
beaucoup	plus	**le plus**	viel, mehr, am meisten
peu	moins	**le moins**	wenig, weniger, am wenigsten

! Die Steigerungsformen dieser drei häufig gebrauchten Adverbien sind unregelmäßig.

5 Das Pronomen | Le pronom

5.1 Das Personalpronomen | Le pronom personnel

	1 verbundene Personalpronomen	**2** unverbundene Personalpronomen	**3** direkte Objektpronomen	**4** indirekte Objektpronomen	**5** Reflexivpronomen
Singular					
1. Person	je/j'	moi	**me/m'**	**me/m'**	**me/m'**
2. Person	tu	toi	**te/t'**	**te/t'**	**te/t'**
3. Person	il/elle/on	lui/elle	le/la/l'	lui	se/s'
Plural					
1. Person	**nous**	**nous**	**nous**	**nous**	**nous**
2. Person	**vous**	**vous**	**vous**	**vous**	**vous**
3. Person	ils/elles	eux/elles	les	leur	se/s'

1 J'ai une nouvelle copine. **Elle** m'écrit toujours des textos. **On** va souvent au cinéma ensemble.

Die verbundenen Personalpronomen stehen vor dem Verb und sind immer Subjekt des Satzes. Im gesprochenen Französisch wird ***on*** oft anstelle von ***nous*** verwendet.

2 Louise ne vient pas avec **nous**.
Sur la photo, c'est **moi**.

Lui, il s'appelle Romain.
– Qui a fait le gâteau? – **Moi**.

Die unverbundenen Personalpronomen verwendest du nach Präpositionen (z. B. ***pour, avec, sans***), nach ***c'est*** und ***ce sont***, vor einem verbundenen Personalpronomen zur Verstärkung und alleinstehend.

3 – Tu connais Romain?
– Mais tu connais sa nouvelle copine?

– Non, je ne **le** connais pas.
– Non, je ne **la** connais pas.

Die direkten Objektpronomen ersetzen direkte Objekte (▶ p. 24/8.1).

4 – Tu as montré ces photos à tes copines?
– Est-ce que tu as parlé à Hannah?

– Non, je ne **leur** ai rien montré.
– Non, je ne **lui** ai pas parlé.

Die indirekten Objektpronomen ersetzen indirekte Objekte (▶ p. 24/8.1).
Zur Stellung der direkten und der indirekten Objektpronomen im Satz: ▶ p. 24–25/8.2–8.3

5 Nous **nous** promenons et les enfants **s'**amusent.

Die Reflexivpronomen stehen vor reflexiven Verben.

5.2 Das Relativpronomen | Le pronom relatif

qui

Tu connais le garçon	**qui** joue de la guitare?	... den Jungen, der ...
C'est une chanson	**qui** me plaît beaucoup.	... ein Lied, das ...
Tu vois les deux garçons	**qui** dansent?	... die zwei Jungen, die ...

Das Relativpronomen ***qui*** ist unveränderlich. Es steht für maskuline und feminine Personen und Sachen im Singular und im Plural. ***Qui*** ist immer das Subjekt des Relativsatzes. Deshalb folgt auf ***qui*** ein Verb. Vor dem Verb kann noch ein Objektpronomen stehen (***... qui me plaît ...***).

que

Bilal appelle le copain	**qu'**	il veut inviter.	... den Freund, den ...
Quelle est la chanson	**que**	tu préfères?	... das Lied, das ...
Voilà les journaux	**que**	tu cherches.	... die Zeitungen, die ...
Tu connais les filles	**que**	Bilal invite?	... die Mädchen, die ...

Das Relativpronomen ***que*** ist unveränderlich. Es steht für maskuline und feminine Personen und Sachen im Singular und im Plural. ***Que*** ist immer das Objekt des Relativsatzes. Deshalb folgt auf ***que*** das Subjekt des Relativsatzes.

ce qui / ce que

Elle aime tout **ce qui** est drôle.	..., was lustig ist.
Dites-moi **ce qui** vous a plu.	..., was euch gefallen hat.
Dites-moi **ce que** vous aimez lire.	..., was ihr gerne lest.
Elle ne sait pas **ce qu'**elle doit faire.	..., was sie tun soll.

Die Relativpronomen ***ce qui*** und ***ce que*** beziehen sich nicht auf Personen oder Sachen. Sie haben beide kein Bezugswort im Hauptsatz und werden beide mit „was" übersetzt. ***Ce qui*** ist immer das Subjekt des Relativsatzes. Auf ***ce qui*** folgt ein Verb. ***Ce que*** ist immer das direkte Objekt des Relativsatzes. Auf ***ce que*** folgt das Subjekt des Relativsatzes.

MERKE

ce qui	+	(Objektpronomen)	+	Verb
ce que	+	Subjekt des Relativsatzes	+	Verb

Qu'est-ce qu'il a fait hier?	Fragewort	Was hat er gestern gemacht?
J'ai oublié **ce qu'**il a fait hier.	Relativpronomen	Ich habe vergessen, was er gestern gemacht hat.

! Verwechsle nicht das Fragewort ***qu'est-ce que?*** mit dem Relativpronomen ***ce que***. Beide werden mit „was" ins Deutsche übersetzt.

lequel

Le livre **avec** lequel j'apprends le français s'appelle ***À plus!***	..., mit dem ...
Les amis **pour** lesquels j'ai fait cette vidéo habitent à Noirmoutier.	..., für die ...
Éléonore, c'est la femme **à** laquelle Philippe écrit souvent des lettres.	..., an die ...
Voilà mes copines **sans** lesquelles je ne peux pas vivre.	..., ohne die ...

Das Relativpronomen ***lequel*** verwendest du nach Präpositionen. ***Lequel*** ist veränderlich und wird in Genus und Numerus dem Wort angeglichen, auf das es sich bezieht. Das Bezugswort kann eine Person oder eine Sache sein. ***Lequel*** wird aus einem bestimmten Artikel ***(le, la, les)*** und einer Form des Fragebegleiters ***quel*** (▶ p. 7/1) zusammengesetzt.

! Erklärungen zum Fragepronomen ***lequel?*** findest du auf S. 28/9.3.

5.3 Das Pronomen *en* | Le pronom *en*

– Tu as acheté de l'eau?	– Oui, j'**en** ai acheté.	Ja, ich habe welches gekauft.
– Tu prends du sirop d'érable?	– Oui, j'**en** prends.	Ja, ich nehme davon/welchen.
– Tu veux encore de la soupe?	– Non, j'**en** ai assez.	Nein, ich habe genug (davon).
– On a encore du fromage?	– Non, on n'**en** a plus.	Nein, wir haben keinen mehr.

Das Pronomen ***en*** ist unveränderlich. Du verwendest es, um direkte Objekte zu ersetzen, vor denen ein Teilungsartikel ***(du, de la, de l')*** (▶ p. 8/2) steht, also kein bestimmter Artikel. ***En*** kann sehr unterschiedlich ins Deutsche übersetzt werden, z. B. mit „davon" oder „welche/n/s". Im verneinten Satz wird es mit „keinen/keine/keines" übersetzt. Häufig steht an der Stelle von ***en*** im Deutschen gar nichts.

– Est-ce que tu as une tente?	– Oui, j'**en** ai une.	Ja, ich habe eins.
– Est-ce que tu as un sac?	– Zut, je n'**en** ai pas.	Mist, ich habe keinen.
– Tu as pris des bédés?	– Oui, j'**en** ai pris beaucoup.	Ja, ich habe viele mitgenommen.
– Tu vas prendre un hamac?	– Je vais **en** prendre deux.	Ich werde zwei mitnehmen.

Steht vor dem direkten Objekt ein unbestimmter Artikel ***(un, une, des)***, dann ersetzt du das direkte Objekt ebenfalls mit dem Pronomen ***en***. Zusätzlich zu ***en*** kannst du Zahlwörter oder Mengenangaben verwenden. In diesen Fällen übersetzt du ***en*** nicht ins Deutsche.
Die Stellung von ***en*** entspricht der der Objektpronomen (▶ p. 24–25/8.2–8.3).

MERKE
du / de la / de l' + Nomen
un/une/des + Nomen
→ ***en***

– Est-ce que les élèves sont déjà sortis de la cantine?	– Non, ils n'**en** sont pas encore sortis.
– Quand est-ce que le groupe va partir du camping?	– Ils **en** partent à huit heures.
– Quand est-ce que vous revenez des Pyrénées?	– Nous **en** revenons le 29 août.

Mit dem Pronomen ***en*** kannst du auch Ortsangaben, die mit ***de*** eingeleitet werden, ersetzen. Du kannst ***en*** mit „von dort" übersetzen. Häufig übersetzt du es gar nicht ins Deutsche.

5.4 Das Pronomen *y* | Le pronom *y*

– Tu es déjà allé à Paris?	– Oui, j'**y** suis allé deux fois.
– Qui habite sur l'île Saint-Louis?	– Des gens célèbres **y** habitent.
– Il va au Louvre, dimanche?	– Non, il n'**y** va pas.
– Tu vas aller dans le parc, cet après-midi?	– Non, je ne vais pas **y** aller.

Das Pronomen ***y*** ersetzt Ortsangaben, die mit ***à, chez, dans, devant, derrière, sur, sous*** u. a. eingeleitet werden. Nur Ortsangaben, die mit ***de*** eingeleitet werden, ersetzt du nicht mit ***y***, sondern mit ***en*** (▶ p. 16/5.3). Du kannst ***y*** mit „dort, dorthin, da, dahin" übersetzen. Häufig übersetzt du das Pronomen gar nicht ins Deutsche. ***Y*** steht im Satz vor dem konjugierten Verb. Nur im ***futur composé*** und in Sätzen mit Modalverben steht ***y*** vor dem Infinitiv.

5.5 Das Pronomen beim Imperativ | Le pronom et l'impératif

bejahter Imperativ	verneinter Imperativ
Écoutez-**moi**.	Ne **m'**écoutez pas.
Appelle-**le**.	Ne **l'**appelle pas.
Écris-**lui**.	Ne **lui** écris pas.
Réponds-**leur**.	Ne **leur** réponds pas.
Mange**s**-**en**.	N'**en** mange pas.
Va**s**-**y**.	N'**y** va pas.

Ein Pronomen steht nach einem bejahten Imperativ und wird mit einem Bindestrich an den Imperativ angeschlossen. Statt ***me*** und ***te*** verwendest du ***moi*** und ***toi***. Endet die Imperativform auf einen Vokal, steht vor den Pronomen ***en*** und ***y*** zur leichteren Aussprache ein ***-s***.
Ein Pronomen steht vor einem verneinten Imperativ. Das ist die gleiche Reihenfolge wie in einem Aussagesatz. Vor einer Imperativform, die mit einem Vokal beginnt, steht ***m', t', l'***.

6 Das Verb | Le verbe

! Die Formen der regelmäßigen und unregelmäßigen Verben findest du in deinem Französischbuch, S. 138–143, eine Übersicht über die einfachen und zusammengesetzten Verbformen auf S. 64 dieses Grammatikheftes.

6.1 Die Zeitformen des Verbs | Les temps du verbe

Présent

! Eine Übersichte mit den Endungen des ***présent*** findest du im Anhang dieses Grammatikheftes (hintere Umschlaginnenseite).

1. – Qu'est-ce qu'il **fait**? – Il **répond** à ses messages.
2. Elle **mange** tous les jours à la cantine.
3. Il **a** 15 ans.
4. Paris **est** la capitale de la France.

Das ***présent*** verwendest du für Handlungen, die in der Gegenwart einmalig (1) oder regelmäßig (2) stattfinden und für allgemeingültige Aussagen (3, 4).
Wenn du ein Resümee verfasst, verwendest du ebenfalls das ***présent***.

Passé composé: Bildung

j'	ai	regardé	je	suis	allé/allée
tu	as	regardé	tu	es	allé/allée
			il	est	allé
il/elle/on	a	regardé	elle	est	allée
			on	est	allé/allée/allés/allées
nous	avons	regardé	nous	sommes	allés/allées
vous	avez	regardé	vous	êtes	allé/allée/allés/allées
ils/elles	ont	regardé	ils	sont	allés
			elles	sont	allées

Das ***passé composé*** wird mit der Präsensform eines Hilfsverbs (***avoir*** oder ***être***) und dem Partizip Perfekt gebildet. Nach dem Hilfsverb ***être*** musst du das Partizip dem Subjekt in Genus und Numerus angleichen (▶ p. 63).

Reflexive Verben

je	me	suis	levé/levée
tu	t'	es	levé/levée
il	s'	est	levé
elle	s'	est	levée
on	s'	est	levé/levée/levés/levées
nous	nous	sommes	levés/levées
vous	vous	êtes	levé/levée/levés/levées
ils	se	sont	levés
elles	se	sont	levées

Reflexive Verben bilden das ***passé composé*** mit dem Hilfsverb ***être***. Deshalb wird das Partizip des reflexiven Verbs dem Subjekt angepasst (▶ p. 63).

Verben mit dem Hilfsverb *être*

aller	monter	retourner
arriver	partir	sortir
descendre	rentrer	tomber
entrer	rester	venir

Diese Verben bilden das ***passé composé*** mit dem Hilfsverb ***être***.

J'**ai** été à Paris. — Ich bin in Paris gewesen.
J'**ai** couru. — Ich bin gelaufen.

! Aber die Verben ***être*** und ***courir*** haben im ***passé composé*** das Hilfsverb ***avoir***.

Die Verben *descendre* und *sortir* im *passé composé*

mit ***être***

Elle **est descendue** à la station Trocadéro.	aussteigen
Ils **sont descendus** à pied.	hinuntergehen
Les filles **sont sorties** samedi soir.	ausgehen
Ils **sont sortis** de la maison.	hinausgehen

In diesen Sätzen haben die Verben ***descendre*** und ***sortir*** kein direktes Objekt. Deshalb haben sie im ***passé composé*** das Hilfsverb ***être***.

mit ***avoir***

Elle **a descendu** les poubelles.	hinunterbringen
Ils **ont descendu** les livres de l'étagère.	herunterholen
Ils **ont sorti** le chien.	hinausbringen / (den Hund) ausführen
Elles **ont sorti** les portables de leurs sacs.	herausholen

In diesen Sätzen haben die Verben ***descendre*** und ***sortir*** ein direktes Objekt (***les poubelles*** usw.) Mit einem direkten Objekt ändern die beiden Verben ihre Bedeutung und bilden das ***passé composé*** mit dem Hilfsverb ***avoir***.

! Nach dem Hilfsverb ***avoir*** wird das Partizip nicht verändert.

MERKE

descendre	aussteigen/hinuntergehen
descendre qc	etw. hinunterbringen/herunterholen
sortir	ausgehen/hinausgehen
sortir qc	etw. hinausbringen/herausholen / (den Hund) ausführen

Passé composé: Gebrauch

1. Hier, il **a visité** la ville.
2. D'abord, Lou **a fait** ses devoirs. Ensuite, elle **est allée** au cinéma.
3. Ouf! J'**ai terminé** mes devoirs.
4. Il faisait froid. À huit heures, Arthur **est parti** pour l'école.

Das ***passé composé*** verwendest du für Handlungen, die in der Vergangenheit einmalig stattgefunden haben (1), aufeinandergefolgt sind (2), abgeschlossen sind (3), oder für Handlungen und Geschehen, die im Vordergrund einer Erzählung stehen (4).

Signalwörter, nach denen das ***passé composé*** zu erwarten ist:

tout à coup	après	une fois
d'abord	puis	une heure après
ensuite	à (huit) heures	un jour

Imparfait

	regarder		finir
je	regard**ais**	je	finiss**ais**
tu	regard**ais**	tu	finiss**ais**
nous regard~~ons~~ → il/elle/on	regard**ait**	nous finiss~~ons~~ → il/elle/on	finiss**ait**
nous	regard**ions**	nous	finiss**ions**
vous	regard**iez**	vous	finiss**iez**
ils/elles	regard**aient**	ils/elles	finiss**aient**

Das ***imparfait*** bildest du aus dem Stamm der 1. Person Plural Präsens, an den du die jeweilige Personalendung des ***imparfait*** anhängst.
! Die einzige Ausnahme bildet das Verb ***être***: Der Stamm des ***imparfait*** ist ***ét-***, an den du die ***imparfait***-Endungen anhängst: ***j'étais, tu étais*** usw.

commencer:	nous commençons	→ je commençais	prendre:	nous prenons	→ je prenais
manger:	nous mangeons	→ je mangeais	voir:	nous voyons	→ je voyais
écrire:	nous écrivons	→ j'écrivais	dire:	nous disons	→ je disais

! Diese und noch einige andere Verben haben eine Besonderheit in der 1. Person Plural Präsens, die du im ***imparfait*** berücksichtigen musst.

1. Autrefois, sur le pont Neuf, il y **avait** des boutiques.
2. Le vendredi soir, je **jouais** toujours au handball avec mes copines.
3. D'habitude, ils **prenaient** le bus à 7 heures 30.
4. Il **faisait** très chaud.
5. On **s'ennuyait**. Le travail **était** dur.
6. C'**était** terrible.
7. Adrien **mangeait**, **écoutait** de la musique et **faisait** ses devoirs.

Das ***imparfait*** verwendest du, wenn du berichtest, wie es früher war (1), oder wenn du von Handlungen berichtest, die in der Vergangenheit regelmäßig (2) oder gewohnheitsmäßig (3) stattgefunden haben. Außerdem verwendest du das ***imparfait*** für Zustandsbeschreibungen (4) (z. B. das Wetter), zum Beschreiben von Situationen (5) oder wenn du etwas kommentierst (6). Handlungen, die in der Vergangenheit gleichzeitig verliefen, schilderst du ebenfalls im ***imparfait*** (7).
In einem erzählenden Text verwendest du das ***imparfait*** für Handlungen und Geschehen, die im Hintergrund der Erzählung stehen.

Signalwörter, nach denen das ***imparfait*** zu erwarten ist:

autrefois	d'habitude	tous les jours/matins/soirs
avant	toujours	le lundi / le mardi / ___
souvent	chaque jour/matin/soir	

Passé composé und *imparfait*

1. Il **faisait** froid et il **pleuvait**, quand nous **sommes partis** pour notre randonnée.
2. Céline **rangeait** sa chambre, quand ses copines **sont arrivées**.

Passé composé und ***imparfait*** kannst du nebeneinander in einem Satz verwenden. Mit dem ***imparfait*** schilderst du einen Zustand oder eine Situation, mit dem ***passé composé*** die einsetzende Handlung (1). Mit dem ***imparfait*** schilderst du eine schon länger verlaufende Handlung, mit dem ***passé composé*** eine neu einsetzende Handlung (2).

Futur composé

Je	**vais aller**	à la mer.	Nous	**allons faire**	les exercices ensemble.
Tu	**vas acheter**	un cadeau?	Vous	**allez faire**	une balade?
Il	**va faire**	un tour en ville.	Ils	**vont se lever**	à six heures.

Mit dem ***futur composé*** drückst du aus, dass eine Handlung in der Zukunft stattfinden wird. Du bildest das ***futur composé*** mit der Präsensform des Verbs ***aller*** und einem Infinitiv. Zur Wortstellung in einem verneinten Satz mit ***futur composé:*** ▶ p. 25/8.3

Futur simple

				Verben auf *-er*	Verben auf *-ir*	Verben auf *-re*
parler, finir, lir~~e~~	+	**-ai**	je	parler**ai**	finir**ai**	lir**ai**
		-as	tu	parler**as**	finir**as**	lir**as**
		-a	il/elle/on	parler**a**	finir**a**	lir**a**
		-ons	nous	parler**ons**	finir**ons**	lir**ons**
		-ez	vous	parler**ez**	finir**ez**	lir**ez**
		-ont	ils/elles	parler**ont**	finir**ont**	lir**ont**

Bei den meisten Verben, die auf ***-er*** oder ***-ir*** enden, bildest du das ***futur simple***, indem du an den Infinitiv des Verbs die Endungen des ***futur simple*** anhängst. Die Verben auf ***-re*** verlieren im ***futur simple*** das ***-e*** des Infinitivs.

Verben auf ***-er*** mit Besonderheiten

acheter	→ j'achète	→ j'achèterai	*ebenso:* amener, harceler
préférer	→ je préfère	→ je préférerai	*ebenso:* espérer, exagérer, récupérer, répéter
appeler	→ j'appelle	→ j'appellerai	*ebenso:* rappeler
payer	→ je paie	→ je paierai	*ebenso:* s'ennuyer, essayer, nettoyer

! Bei diesen Verben auf ***-er***, die eine Besonderheit in der Schreibweise haben, musst du zur Bildung des ***futur simple*** von der 1. Person Singular Präsens ausgehen.

▶

Ausnahmen

être → je **serai**	pouvoir → je **pourrai**	aller → j'**irai**	il faut → il **faudra**
faire → je **ferai**	courir → je **courrai**	vouloir → je **voudrai**	pleuvoir → il **pleuvra**
avoir → j'**aurai**	venir → je **viendrai**		
savoir → je **saurai**	tenir → je **tiendrai**		
voir → je **verrai**	devoir → je **devrai**		
envoyer → j'**enverrai**	décevoir → je **décevrai**		

Einige unregelmäßige Verben bilden die Formen des ***futur simple*** nicht mit dem Infinitiv. Sie haben einen besonderen Futur-Stamm, an den du die Futur-Endungen anhängst. Diese Verbformen musst du auswendig lernen.

1. En juin, ma classe **fera** une balade en bateau sur le Rhin.
2. Tu **feras** bien attention!
3. S'il fait beau demain, je me **baignerai** toute la journée.

Mit dem ***futur simple*** drückst du ebenfalls aus, dass eine Handlung in der Zukunft stattfinden wird. Du kannst es auch für Aufforderungen verwenden (2). Außerdem verwendest du das ***futur simple*** im realen Bedingungssatz (3) (▶ p. 26/8.6).

Présent duratif

1. – Tu m'aides, s'il te plaît? – Non, je **suis en train de préparer** le repas.
2. – Où sont les enfants? – Ils **sont en train de ranger** leur chambre.
3. – Qu'est-ce que tu fais? – Je **suis en train d'écrire** un commentaire.
4. Léane **était en train de regarder** la forêt, quand Céline a trouvé la cache.

Mit der Wendung ***être en train de*** + Infinitiv drückst du aus, dass jemand gerade dabei ist, etwas zu tun. ***Être en train de*** + Infinitiv kannst du auch im ***imparfait*** verwenden, um auszudrücken, dass jemand gerade dabei war, etwas zu tun (4). Im Deutschen gibt es keine Entsprechung zum ***présent duratif***.

Passé récent

1. Dépêchez-vous. Les autres **viennent de partir**.
2. – Vous êtes là depuis longtemps? – Non, on **vient d'arriver**.
3. – Pourquoi est-ce qu'elle crie comme ça? – Je crois qu'elle **vient de trouver** la cache.
4. On **venait de commencer** la chasse, quand il a commencé à pleuvoir.

Mit der Wendung ***venir de*** + Infinitiv drückst du aus, dass eine Handlung gerade eben erst abgeschlossen worden ist. ***Venir de*** + Infinitiv kannst du auch im ***imparfait*** verwenden, um auszudrücken, dass eine Handlung in der Vergangenheit gerade eben erst abgeschlossen worden war (4). Im Deutschen gibt es keine Entsprechung zum ***passé récent***.

6.2 Der *subjonctif* | Le subjonctif

Die Endungen kennst du vom *présent* ***(-e, -es, -e, -ent)*** und vom *imparfait* ***(-ions, -iez)***.

Die Bildung

ils	regard~~ent~~	+	**-e**	que	je	regard**e**
	finiss~~ent~~		**-es**	que	tu	finiss**es**
	vend~~ent~~		**-e**	qu'	il	vend**e**
			-ions	que	nous	regard**ions**
			-iez	que	vous	finiss**iez**
			-ent	qu'	ils	vend**ent**

Den ***subjonctif*** bildest du aus der Verbform der 3. Person Plural Präsens. An den Stamm dieser Verbform hängst du die Endungen des ***subjonctif*** an.

être	→ que je **sois**	aller	→ que j'**aille** [aj]	pouvoir	→ que je **puisse**
avoir	→ que j'**aie** [ɛ]	faire	→ que je **fasse**	venir	→ que je **vienne**
prendre	→ que je **prenne**	boire	→ que je **boive**	vouloir	→ que je **veuille**

Einige der häufig gebrauchten Verben haben unregelmäßige ***subjonctif***-Formen. Weitere unregelmäßige Formen findest du in deinem Französischbuch, S. 138–143.

Der Gebrauch

Il faut qu'elle fasse du sport.
Il faudrait que Romain réfléchisse.
Il ne faut pas que vous fassiez trop de bruit.
Je veux que vous m'écoutiez bien.
Je voudrais que ce moment ne finisse jamais.
Je ne voudrais pas que tu partes en vacances avec tes copains.

Den ***subjonctif*** musst du nach bestimmten Verben und Wendungen verwenden, die eine Notwendigkeit, einen Willen oder einen Wunsch ausdrücken. Im Deutschen gibt es keine Entsprechung zum ***subjonctif***.

7 Die Präpositionen | Les prépositions

Die Präpositionen, die du in ***À plus!***, **Band 1, 2** und **3** kennen gelernt hast, findest du auf der vorderen Umschlaginnenseite. Einige Präpositionen haben mehrere Entsprechungen im Deutschen.

! Denke daran, dass die Präpositionen ***à*** und ***de*** mit den bestimmten Artikeln ***le*** und ***les*** zusammengezogen werden (▶ p. 8/1.2).

7.1 Präpositionen und Artikel vor Ländernamen | Prépositions et articles devant les noms de pays

Il est Elle va	**en** France. **au** Canada. **aux** États-Unis.	Elle vient	**de** France. **du** Canada. **des** États-Unis.

Vor femininen Ländernamen verwendest du ***en*** bzw. ***de***, vor maskulinen Ländernamen ***au*** bzw. ***du*** und vor Ländernamen, die im Plural stehen, ***aux*** bzw. ***des***.

8 Der Satz | La phrase

8.1 Die Satzteile | Les parties de la phrase

Subjekt	Verb	Ergänzung	
Les corres	arrivent.		
Les corres	arrivent	**à huit heures.**	Zeitangabe
Les corres	arrivent	**à Strasbourg.**	Ortsangabe
Clara	aime	**la musique.**	direktes Objekt
Clara	téléphone	**à sa copine.**	indirektes Objekt
Clara	parle	**de ses vacances.**	indirektes Objekt

Sätze haben in der Regel ein Subjekt und ein Verb. Sätze können auch Ergänzungen haben. Es gibt unterschiedliche Arten von Ergänzungen: Zeitangaben, Ortsangaben, direkte und indirekte Objekte. Ein direktes Objekt wird direkt, d. h. ohne Präposition an das Verb angeschlossen. Ein indirektes Objekt wird mit einer Präposition (meistens ***à*** oder ***de***) an das Verb angeschlossen.

8.2 Die Wortstellung im Satz | L'ordre des mots dans la phrase

	Subjekt	Objekt-pronomen	konjugiertes Verb		Partizip Perfekt / Infinitiv	Ergänzung
présent	Clara		regarde			le DVD.
	Clara	le	regarde.			
passé composé	Clara		a		regardé	le DVD.
	Clara	l'	a		regardé.	
futur composé / Modalverb	Clara		va/veut		regarder	le DVD.
	Clara		va/veut	le	regarder.	

Die Stellung der Satzteile in einem französischen Satz ist festgelegt: Subjekt + Verb + Ergänzung. Ein Objektpronomen steht vor dem konjugierten Verb. Nur in einem Satz mit ***futur composé*** oder mit einem Modalverb steht das Objektpronomen vor dem Infinitiv.

8.3 Die Wortstellung im verneinten Satz | L'ordre des mots dans la phrase négative

	Subjekt		Objekt-pronomen	konjugiertes Verb			Partizip Perfekt / Infinitiv	Ergänzung
présent	Lukas	ne		regarde	pas			le DVD.
	Lukas	ne	le	regarde	pas.			
passé composé	Lukas	n'		a	pas		regardé	le DVD.
	Lukas	ne	l'	a	pas		regardé.	
futur composé	Lukas	ne		va	pas		regarder	le DVD.
	Lukas	ne		va	pas	le	regarder.	
Modalverb	Lukas	ne		veut	pas		regarder	le DVD.
	Lukas	ne		veut	pas	le	regarder.	

Die Verneinungen ***ne ... pas/plus/jamais/rien*** umschließen das konjugierte Verb. Das gilt auch für Sätze mit ***passé composé, futur composé*** oder mit einem Modalverb. Das heißt: In einem Satz mit ***passé composé*** steht das Partizip hinter ***pas/plus/jamais/rien***. In einem Satz mit ***futur composé*** oder einem Modalverb steht der Infinitiv hinter ***pas/plus/jamais/rien***.

	Subjekt		konjugiertes Verb	Partizip Perfekt / Infinitiv	
présent	Théo	n'	invite		personne.
passé composé	Théo	n'	a	invité	personne.
futur composé	Théo	ne	va	inviter	personne.
Modalverb	Théo	ne	veut	inviter	personne.

! Die Verneinung mit ***ne ... personne*** bildet eine Ausnahme: In einem Satz mit ***passé composé*** steht ***personne*** hinter dem Partizip, in einem Satz mit ***futur composé*** oder einem Modalverb steht ***personne*** hinter dem Infinitiv.

8.4 Die Hervorhebung von Satzteilen | La mise en relief

Hervorhebung eines Subjekts

– Est-ce que tu as sorti le chien?	– Non, **c'est** Hugo **qui** l'a sorti.
– Qui a rangé la cuisine?	– **Ce sont** Lena et Hugo **qui** ont rangé la cuisine.
– Est-ce que Max a mis le couvert?	– Non, **c'est** moi **qui** l'ai mis.
– Hugo a descendu les poubelles?	– Non, **ce** n'**est** jamais lui **qui** les descend.

Steht das Subjekt im Singular, verwendest du zur Hervorhebung ***c'est ... qui***. Steht das Subjekt im Plural verwendest du zur Hervorhebung ***ce sont ... qui***. Das Verb, das nach ***qui*** steht, richtet sich nach dem Subjekt, das du hervorhebst. Nach ***c'est / ce sont*** verwendest du die unverbundenen Personalpronomen (▶ p. 13–14/5.1).

Hervorhebung einer Ergänzung

– Est-ce que tu vas travailler avec Lola?	– Non, **c'est** avec Laura **que** je vais travailler.
– Est-ce que nous partons vendredi?	– Non, **c'est** samedi **que** nous partons.
– Aurélie va aller en Espagne en été.	– Non, **c'est** en Italie **qu'**elle va aller.
– Est-ce que tu prépares les cadeaux?	– Non, **ce sont** les gâteaux **que** je prépare.
– Est-ce que tu as parlé à ton père?	– Non, **c'est** à ma mère **que** j'ai parlé d'abord.

Mit ***c'est / ce sont ... que*** kannst du alle Ergänzungen hervorheben: Objekte, Zeitangaben oder Ortsangaben.

8.5 Der Nebensatz | La proposition subordonnée

		Subjekt	Verb	Ergänzung
On va à la plage,	**quand**	il	fait	chaud.
C'est l'endroit	**où**	elle	passe	ses vacances.

		Subjekt	Ergänzung	Verb
Wir gehen an den Strand,	wenn	es	heiß	ist.
Das ist der Ort,	wo	sie	ihre Ferien	verbringt.

In einem französischen Nebensatz stehen die Wörter in der gleichen Reihenfolge wie in einem Hauptsatz: Subjekt – Verb – Ergänzung. Das ist im Deutschen anders.

8.6 Der reale Bedingungssatz | La condition réelle

Nebensatz mit *si*	Hauptsatz
Si vous voulez,	**on peut** aller au cinéma.
S'il fait beau demain,	**je me baignerai** toute la journée.

Mit Bedingungssätzen kannst du sagen, was geschehen wird, wenn eine bestimmte Bedingung erfüllt ist. Im Nebensatz mit ***si*** steht die Bedingung, im Hauptsatz sagst du, was geschehen wird, wenn diese Bedingung erfüllt ist. Im Nebensatz steht ***présent*** (nie ***futur***!), im Hauptsatz steht ***futur simple*** oder ***présent***.

MERKE ***s'il/s'ils*** aber: ***si elle*** / ***si elles*** / ***si on***

8.7 Der Infinitivsatz mit *avant de* | La phrase infinitive avec *avant de*

Infinitivsatz	Hauptsatz
Avant de nous promener,	on a mis nos affaires dans notre chambre.
Avant de commencer la randonnée,	nous nous sommes occupés de nos chiens.

Mit ***avant de*** + Infinitiv kannst du Infinitivsätze bilden. Mit einem solchen Infinitivsatz beschreibst du eine Handlung, die nach der Handlung im Hauptsatz stattgefunden hat.

9 Der Fragesatz | La phrase interrogative

9.1 Fragen ohne Fragewort | L'interrogation sans mot interrogatif

Fragen ohne Fragewort kannst du bilden:

1. Noah mange à la cantine?

1. als Intonationsfrage. Das ist ein Aussagesatz, den du mit steigender Intonation sprichst.

2. **Est-ce que** Noah mange à la cantine?

2. als Frage mit ***est-ce que***. Du stellst ***est-ce que*** vor den Aussagesatz.

3. **Vas-tu** venir?
   Mange-t-il à la cantine?

3. als Inversionsfrage. Das Subjektpronomen steht hinter dem Verb. Verb und Subjekt verbindest du mit einem Bindestrich. Endet das Verb in der 3. Person Singular auf einen Vokal, schiebst du zwischen Verb und Subjektpronomen ein ***-t-*** ein.

9.2 Fragen mit Fragewort | L'interrogation avec mot interrogatif

Est-ce que-Frage

Qu'	est-ce que	tu fais?	Was …?
Quand	est-ce que	les corres arrivent?	Wann …?
Où	est-ce que	tu habites?	Wo …?
Pourquoi	est-ce que	Noah aime les lundis?	Warum …?
Comment	est-ce qu'	on dit «lapin» en allemand?	Wie …?
À qui	est-ce que	tu penses?	An wen …?
De qui	est-ce qu'	il parle?	Von wem …?
À quoi	est-ce que	tu penses?	Woran …? / An was …?
De quoi	est-ce qu'	elle parle?	Wovon …?

In ***est-ce que***-Fragen mit Fragewort stellst du das Fragewort vor ***est-ce que***.

Inversionsfrage

Quand arrivent-ils?
À qui penses-tu?
Comment va-t-elle?
De quoi parle-t-elle?

Wenn das Verb auf einen Vokal endet, kommt zwischen Verb und Pronomen ein ***-t-***!

In der Inversionsfrage stellst du das Fragewort an den Anfang der Frage, vor das Verb. Endet das Verb in der 3. Person Singular auf einen Vokal, schiebst du zwischen Verb und Subjektpronomen ein ***-t-*** ein.

Fragen mit *où?* und *qui?*

Où est le CD de ZAZ?	Wo ist ...?	**Qui** regarde la télé?	Wer ...?
Où sont les biscuits?	Wo sind ...?	**Qui** écoute un CD?	Wer ...?

Fragen mit ***Où est ...?*** („Wo ist ...?"), ***Où sont ...?*** („Wo sind ..."?) und Fragen mit ***Qui ...?*** („Wer ...?") kannst du ohne ***est-ce que*** stellen.

Frage mit nachgestelltem Fragewort

Tu t'appelles **comment**?	Il est **quelle heure**?
Tu as **quel âge**?	Ça coûte **combien**?

Im gesprochenen Französisch hörst du oft Fragen, in denen das Fragewort am Ende der Frage steht.

9.3 Das Fragepronomen *lequel* | Le pronom interrogatif *lequel*

– Tu as compris cet exercice?	– **Lequel**?
– Nous avons choisi une colo?	– **Laquelle**?
– Je n'ai pas fait les devoirs.	– **Lesquels**?
– J'ai choisi trois photos.	– **Lesquelles**?

Das Fragepronomen ***lequel*** steht anstelle eines Nomens. Du setzt ***lequel*** aus einem bestimmten Artikel ***(le, la, les)*** und einer Form des Fragebegleiters ***quel*** zusammen. Das Fragepronomen gleichst du in Genus und Numerus dem Nomen an, das es ersetzt.
Im Deutschen gibt es keine Extraform für das Fragepronomen: „Welcher? Welche? Welches?" sind sowohl Fragebegleiter als auch Fragepronomen.

MERKE

Fragebegleiter (begleitet Nomen):		Fragepronomen (steht alleine):	
Quel CD?	***Quelle actrice?***	***Lequel?***	***Laquelle?***
Quels films?	***Quelles adresses?***	***Lesquels?***	***Lesquelles?***

9.4 Die Frage mit *qui est-ce qui?, qui est-ce que?, qu'est-ce qui?* und *qu'est-ce que?* | L'interrogation avec *qui est-ce qui?, qui est-ce que?, qu'est-ce qui?* et *qu'est-ce que?*

Qui est-ce **qui** est à Montréal?	Wer ...?	Chloé est à Montréal.
Qui est-ce **que** Chloé a invité?	Wen ...?	Elle a invité sa copine.

Mit ***qui est-ce qui?*** und ***qui est-ce que?*** fragst du nach Personen. Deshalb steht ***qui*** am Anfang des Frageworts. Mit ***qui est-ce qui?*** fragst du nach dem Subjekt des Satzes, mit ***qui est-ce que?*** fragst du nach dem direkten Objekt. Der Unterschied besteht nur in dem ***... qui*** bzw. ***... que*** am Ende des Frageworts.

Qu'est-ce qui lui plaît à Montréal?	Was ...?	L'été indien lui plaît.
Qu'est-ce que Chloé fait pendant son temps libre?	Was ...?	Elle fait du shopping.

Mit ***qu'est-ce qui?*** und ***qu'est-ce que?*** fragst du nach Sachen. Deshalb steht ***que*** am Anfang des Frageworts. Mit ***qu'est-ce qui?*** fragst du nach dem Subjekt des Satzes, mit ***qu'est-ce que?*** fragst du nach dem direkten Objekt des Satzes. Beide Fragewörter werden mit „Was?" übersetzt, weil im Deutschen nicht unterschieden wird, ob man nach dem Subjekt oder dem Objekt fragt.

MERKE

Frage nach Personen: vorne ***qui***	***Qui est-ce qui ...?***	Wer ...?	Frage nach dem Subjekt: hinten ***qui***
	Qui est-ce que ...?	Wen ...?	Frage nach dem direkten Objekt: hinten ***que***
Frage nach Sachen: vorne ***que***	***Qu'est-ce qui ...?***	Was ...?	
	Qu'est-ce que ...?	Was ...?	

10 Die indirekte Rede/Frage | Le discours indirect / L'interrogation indirecte

10.1 Die indirekte Rede | Le discours indirect

direkte Rede	indirekte Rede
Mathieu: «La tarte au riz est très bonne.»	Mathieu **dit que** la tarte au riz est très bonne.

Um wiederzugeben, was eine andere Person gesagt hat, verwendest du die indirekte Rede. Die indirekte Rede leitest du mit einem Verb der Redeeinleitung (z. B. ***dire, répondre, raconter***) und der Konjunktion ***que*** („dass") ein. Die Konjunktion ***que*** kann im Französischen nicht weggelassen werden. Das ist im Deutschen anders.

10.2 Die indirekte Frage | L'interrogation indirecte

Die indirekte Frage ohne Fragewort

direkte Frage	indirekte Frage
Gabriel: «Est-ce que les Belges parlent allemand?»	Gabriel **veut savoir si** les Belges parlent allemand.
Nicolas: «Est-ce qu'il y a encore des sardines?»	Nicolas **demande s'**il y a encore des sardines.

Die indirekte Frage ohne Fragewort leitest du mit den Verben ***demander*** oder ***vouloir savoir*** und der Konjunktion ***si*** ein: ***Il demande si ..., Elle veut savoir si ...***

! In einer indirekten Frage steht nie ***est-ce que***.

Die indirekte Frage mit Fragewort

Louis:

«Pourquoi est-ce que vous vous disputez?»	Louis **demande pourquoi** ils se disputent.
«Quand est-ce que vous allez au ciné?»	Louis **veut savoir quand** ils vont au ciné.
«À quelle heure est-ce qu'elle vient?»	Louis **se demande à quelle heure** elle vient.
«Qui est-ce qui va à Montréal?»	Louis **veut savoir qui** va à Montréal.

Die indirekte Frage mit Fragewort leitest du mit den Verben ***demander, se demander, vouloir savoir*** und dem Fragewort der direkten Frage ein.
Wenn die direkte Frage mit ***qui est-ce qui*** beginnt, steht in der indirekten Frage nur ***qui***.
! ***Est-ce que*** steht in der indirekten Frage nie.

«Qu'est-ce que Nicolas fait maintenant?»	Louis **veut savoir ce que** Nicolas fait maintenant.
«Qu'est-ce qui lui plaît?»	Louis **veut savoir ce qui** lui plaît.

Wenn die direkte Frage mit ***qu'est-ce que*** beginnt, steht in der indirekten Frage nur ***ce que***.
Wenn die direkte Frage mit ***qu'est-ce qui*** beginnt, steht in der indirekten Frage ***ce qui***.

MERKE Die indirekte Frage:

demander ***se demander*** ***vouloir savoir***	+	***si*** ***pourquoi*** ***quand*** ***où*** ***comment*** ***combien*** ***à quelle heure*** ***avec qui*** ***ce que/qu'*** ***ce qui*** (+ Objektpronomen)	+ Subjekt + Verb

direkte Rede/Frage			indirekte Rede/Frage	
Paul:	«Je cherche mon plan.»	→	Paul dit	qu'il cherche son plan.
Paul:	„Ich suche meinen Plan."	→	Paul sagt,	dass er seinen Plan sucht.
Nicolas:	«Vous m'attendez?»	→	Nicolas demande	si on l'attend.
Nicolas:	„Wartet ihr auf mich?"	→	Nicolas fragt,	ob wir auf ihn warten.

Bei der Umwandlung von der direkten in die indirekte Rede/Frage musst du auch die Pronomen, Verbformen und Begleiter der veränderten Situation anpassen.

11 Je voudrais devenir dessinatrice.

U1 V1, p. 20
V3, p. 26

Das *conditionnel présent* | Le conditionnel présent

Die Bildung

			parler	finir	prendr~~e~~
	-ais	je	parler**ais**	finir**ais**	prendr**ais**
	-ais	tu	parler**ais**	finir**ais**	prendr**ais**
Infinitiv +	-ait	il/elle/on	parler**ait**	finir**ait**	prendr**ait**
	-ions	nous	parler**ions**	finir**ions**	prendr**ions**
	-iez	vous	parler**iez**	finir**iez**	prendr**iez**
	-aient	ils/elles	parler**aient**	finir**aient**	prendr**aient**

Du bildest das ***conditionnel présent***, indem du an die Infinitive der meisten Verben, die auf ***-er, -ir*** oder ***-re*** enden, die Endungen des ***conditionnel*** anhängst: ***-ais, -ais, -ait -ions, -iez, -aient***. Diese Endungen kennst du schon von den ***imparfait***-Formen der Verben (▶ p. 20).
! Die Verben, die auf ***-re*** enden, verlieren im ***conditionnel*** das ***-e*** des Infinitivs. Das kennst du schon von den Formen des ***futur simple*** dieser Verben (▶ p. 21).

Verben auf ***-er*** mit Besonderheiten

acheter → j'achète	→ j'achèterais	*ebenso:* amener, harceler	jdn bedrängen
préférer → je préfère	→ je préférerais	*ebenso:* espérer, exagérer, récupérer, répéter	
appeler → j'appelle	→ j'appellerais	*ebenso:* rappeler	
payer → je paie	→ je paierais	*ebenso:* essayer, nettoyer, s'ennuyer	

Bei diesen Verben, die eine Besonderheit in der Schreibweise haben, hängst du die Endungen des ***conditionnel*** an die Form der 1. Person Singular Präsens. Auch das kennst du von den Futurformen dieser Verben (▶ p. 21).

Ausnahmen

être → je **serais**	pouvoir → je **pourrais**
faire → je **ferais**	courir → je **courrais** laufen
avoir → j'**aurais**	venir → je **viendrais**
savoir → je **saurais**	tenir → je **tiendrais**
voir → je **verrais**	devoir → je **devrais** enttäuschen
envoyer → j'**enverrais**	décevoir → je **décevrais**
	recevoir → je **recevrais** erhalten bekommen
aller → j'**irais**	il faut → il **faudrait**
vouloir → je **voudrais**	pleuvoir → il **pleuvrait**

Da diese Verben im *conditionnel* und im *futur simple* den gleichen Stamm haben, kannst du sie gemeinsam lernen:

conditionnel	*futur simple*
je **ser**ais	je **ser**ai
j'**aur**ais	j'**aur**ai

Das ***conditionnel*** dieser unregelmäßigen Verben wird mit dem gleichen Stamm gebildet, den du schon vom ***futur simple*** kennst (▶ p. 22).

devoir j'ai dû => passé composé

Der Gebrauch

1. Moi, à ta place, **j'irais** là où les gens ont besoin de moi.
   Ich an deiner Stelle würde dahin gehen, wo die Leute mich brauchen.
2. **Je voudrais** devenir actrice.
   Ich möchte/würde gerne Schauspielerin werden.
3. **Mes parents** ne **comprendraient** pas.
   Meine Eltern würden das nicht verstehen.
4. **Pourriez-vous** m'aider, s'il vous plaît?
   Könnten Sie mir bitte helfen?

Mit Hilfe des ***conditionnel*** kannst du Ratschläge geben oder Vorschläge machen (1), Wünsche äußern (2), Vermutungen oder Annahmen äußern (3) und höfliche Bitten formulieren (4).

Hast du das verstanden?

▶ Webcode: APLUS-4-GH

a Bilde die passenden Formen des ***conditionnel présent***.
1. je *(être)* 2. tu *(choisir)* 3. il *(attendre)* 4. elle *(faire)* 5. on *(aller)* 6. nous *(voir)* 7. vous *(pouvoir)* 8. ils *(payer)* 9. elles *(acheter)* 10. tu *(avoir)*

b Sage auf Französisch, dass …
1. … du gerne nach Afrika gehen würdest. 2. … du an seiner Stelle ein Praktikum machen würdest. 3. … dein Bruder gerne Arzt werden würde.

12 Si elle était riche, elle voyagerait beaucoup.

U1 V2, p. 23

Der irreale Bedingungssatz | La condition irréelle

S'il **ratait** un examen, il le **repasserait** plus tard.
Wenn er durch das Examen fallen würde, würde er es später nochmal machen
Si ses parents n'**étaient** pas contre, il **deviendrait** reporter.
Falls seine Eltern nicht dagegen wären, würde er Reporter werden.

Mit einem irrealen Bedingungssatz kannst du ausdrücken, was geschehen würde, wenn eine bestimmte Bedingung erfüllt wäre (sie ist es aber nicht). Im irrealen Bedingungssatz verwendest du im ***si***-Satz ***imparfait*** und im Hauptsatz ***conditionnel présent***.

MERKE

si-Satz:	Hauptsatz:
imparfait	***conditionnel présent***

! ***s'il, s'ils*** aber: ***si elle, si elles, si on*** (keine Verkürzung vor ***elle, elles, on***)

S'il **faisait** beau, on **irait** à la plage. — imparfait – conditionnel présent
If the weather **was** fine, we **would go** to the beach. — simple past – conditional I

Die Abfolge dieser Verbformen kennst du schon aus dem Englischen.

Hast du das verstanden? ▶ Webcode: APLUS-4-GH

Ergänze mit der passenden Form des Verbs in Klammern.

1. Si je *(être)* prof de français, je *(voyager)* en France avec mes élèves.
2. Si on *(voyager)* en France ensemble, on *(monter)* sûrement sur la tour Eiffel.
3. Si on *(monter)* sur la tour Eiffel, on *(faire)* des tas de photos de Paris.

13 Personne ne t'empêche de faire comme lui. Rien n'est difficile pour Lucie.

U1 V1, p. 20

Die Verneinung mit *personne ne ...* **und** *rien ne ...* | **La négation avec** *personne ne ...* **et** *rien ne ...*

Personne ne lui parle.
Niemand spricht mit ihm.

Personne ne l'a aidé.
Niemand hat ihm geholfen.

Rien ne lui fait peur.
Nichts macht ihm Angst.

Rien ne l'a intéressé.
Nichts hat ihn interessiert.

Die Verneinungswörter ***personne ne ...*** und ***rien ne ...*** stehen immer zusammen vor dem Verb und sind Subjekt des Satzes. Das Verb nach ***personne ne ...*** und ***rien ne ...*** steht immer in der 3. Person Singular. Vor dem Verb kann auch noch ein Objektpronomen stehen.

Personne ne veut aider Nathan.
Niemand will Nathan helfen.

Nathan ne veut aider personne.
Nathan will niemandem helfen.

Rien ne l'intéresse.
Nichts interessiert ihn.

Il ne s'intéresse à rien.
Er interessiert sich für nichts.

! Verwechsle nicht ***personne/rien ne ...*** und ***ne ... personne/rien***.
Ne ... personne/rien bilden eine Verneinungsklammer um das Verb, wie die anderen Verneinungen auch. ***Personne ne ...*** und ***rien ne ...*** stehen aber immer zusammen vor dem Verb. ***Ne ... personne*** und ***ne ... rien*** kannst du auch mit Präpositionen verwenden.

▶

Hast du das verstanden? ▶ Webcode: APLUS-4-GH

Bilde Sätze mit ***personne ne …*** (a) und ***rien ne …*** (b).

a 1. À l'école / lui *avoir* parlé. 2. Quand ils ont des problèmes / leur *donner* / des conseils. 3. Lui *envoyer* / des textos. 4. Samedi / l'*accompagner* / au ciné. 5. *Avoir* vu / Sylvie / depuis six mois.

b 1. *Expliquer* / cette violence. 2. *Pouvoir* / arrêter Sami. 3. Lui / *faire* peur. 4. *Être* difficile / pour elle. 5. *Se passer (passé composé)* / comme ils voulaient. 6. Leur / *plaire*. 7. *Changer* / dans sa vie.

14 Je me bats, tu te bats, il se bat …

U1 V1, p. 20

Das unregelmäßige Verb *(se) battre* | Le verbe irrégulier *(se) battre*

		battre			se battre
présent	je	bats	je	me	bats
	tu	bats	tu	te	bats
	il/elle/on	bat	il/elle/on	se	bat
	nous	battons	nous	nous	battons
	vous	battez	vous	vous	battez
	ils/elles	battent	ils/elles	se	battent
imparfait	je	battais	je	me	battais
futur simple	je	battrai	je	me	battrai
conditionnel	je	battrais	je	me	battrais
subjonctif	que je	batte	que je	me	batte
impératif		Bats.			Bats-toi.
		Battons.			Battons-nous.
		Battez.			Battez-vous.
passé composé	j'	ai battu	je	me	suis battu/e

(Se) battre verliert im Singular Präsens ein ***-t-*** des Stamms. Das Partizip Perfekt endet auf ***-u***.

Hast du das verstanden? ▶ Webcode: APLUS-4-GH

Ergänze mit den passenden Verbformen von ***battre*** (a) und ***se battre*** (b).

a 1. Des grands garçons ? *(passé composé)* un petit. 2. Les Bleus ? *(présent)* la Norvège. 3. Alex, ne ? *(impératif)* pas les petits. 4. Pourquoi est-ce que Zoé ? *(présent)* sa voisine?

b 1. Pendant la récré, des jeunes ? *(passé composé)* dans la cour. 2. Il y a des élèves qui ? *(présent)* contre les brutes. 3. Est-ce que tu ? *(présent)* avec les autres? 4. Il ? *(présent)* contre l'exclusion.

Hier kannst du überprüfen, was du in der *Unité* 1 gelernt hast. Diese Aufgaben kannst du unter www.cornelsen.de/webcodes APLUS-4-GH-35 herunterladen und ausfüllen.

1 a Bilde die richtigen Formen des *conditionnel présent*.

1. je *(appeler)* 2. tu *(voir)* 3. il *(être)* 4. elle *(recevoir)* 5. on *(venir)* 6. nous *(avoir)* 7. vous *(devoir)* 8. ils *(répéter)* 9. elles *(battre)* 10. je *(faire)*

b Übersetze. Verwende dabei das *conditionnel présent*.

1. Er würde gerne Betriebswirtschaftslehre studieren.
2. An seiner Stelle würde ich mit meinen Eltern reden.
3. Ohne Computer könnte man nicht mit Leuten in aller Welt[1] chatten.

1 in aller Welt **du monde entier**

2 a Beende die Sätze. Verwende die passenden Verbformen.

1. Si j'avais un chien, je ... 2. Si je ne devais pas aller à l'école demain, je ... 3. Si j'étais musicien/ne, je ... 4. Si j'avais des enfants, je ...

b Übersetze.

1. Wenn ich mehr Zeit hätte, würde ich Spanisch lernen.
2. Wenn Laura gut singen könnte, würde sie Sängerin werden.
3. Wenn seine Eltern nicht dagegen wären, würde Luca nach dem Abitur nach Afrika gehen.

3 a Übersetze. Verwende dabei *personne ne ...* oder *ne ... personne* (▶ p. 25/8.3).

1. Niemand hat ihn gesehen. 2. Ich habe niemanden gesehen. 3. Gestern hat ihm niemand geholfen. 4. Sie will niemanden einladen. 5. Alex will niemandem helfen. 6. Nina will mit niemandem reden. 7. Niemand ermutigt ihn.

b Übersetze. Verwende dabei *rien ne ...* oder *ne ... rien*.

1. Ich habe nichts gemacht. 2. Paul versteht nichts. 3. Ihr gefällt nichts. 4. Sie wollen nichts ändern. 5. Nichts ist passiert. 6. Nichts interessiert sie. 7. Nichts ist schwierig für sie. 8. Er interessiert sich für nichts. 9. Nichts hat sich geändert.

4 Ergänze mit den passenden Verbformen von *battre* (a) und *se battre* (b).

a
1. Hé, les enfants, ne ? *(impératif)* pas vos chiens.
2. Est-ce que tu crois que l'équipe de l'OM ? *(futur simple)* Reims dimanche prochain?
3. Pour arriver en finale, il faut que vous ? *(subjonctif)* trois autres équipes.
4. L'équipe de France ? *(passé composé)* l'équipe d'Espagne à Saint-Denis.

b
1. Elle ? *(présent)* pour vivre normalement malgré ses problèmes.
2. Elle ? *(passé composé)* et elle a réussi.
3. Les hommes ? *(passé composé)* pour la liberté.
4. Ils ? longtemps ? *(passé composé)* pour trouver une solution.

15 Ça se mange comme ça.

U2 V1, p. 42

Ersatzformen für das deutsche Passiv | Les formes qui remplacent le passif allemand

1. La «Schultüte»? Elle **se ferme** avec un ruban. — ... Sie wird mit einem Band verschlossen.
2. Un œuf à la coque? Ça **se mange** comme ça. — ... Das wird so gegessen.
3. **On met** du beurre sur des tranches de pain et **on** les **découpe** en morceaux longs. — Brotscheiben werden mit Butter bestrichen und in lange Stücke geschnitten.

Im Französischen werden Passivsätze viel seltener verwendet als im Deutschen.
Statt eines deutschen Passivsatzes verwendest du im Französischen einen Aktivsatz mit einem reflexiven Verb (1 und 2) oder einen Aktivsatz mit ***on*** (3).

1 prononcer aussprechen

Hast du das verstanden? ▶ Webcode: APLUS-4-GH

Übersetze ins Deutsche. Verwende dabei ein deutsches Passiv.

1. Les jeux de cartes se jouent aussi sur ordinateur.
   Kartenspieler können auch auf dem Computer gespielt werden.
2. Ici, on ne fume pas.
   Hier wird nicht geraucht
3. En Suisse, on parle aussi français.
   In der Schweiz wird auch Französisch gesprochen.
4. L'infinitif de «plaire» s'écrit sans accent.
   Der Infinitiv von plaire wird ohne Accent geschrieben.
5. En France, on mange les œufs à la coque plutôt le soir.
   In Frankreich werden die weichen Eier hauptsächlich abends gegessen.

16 Je trouve nul que l'école finisse tard.

U2 V2, p. 44

Der *subjonctif* | Le subjonctif

Du kennst schon Ausdrücke, die den ***subjonctif*** auslösen. Mit ihnen drückst du einen Wunsch, einen Willen oder eine Notwendigkeit aus, z. B. ***Je veux que, Il faut que*** (▶ p. 23/6.2).

J'ai peur que les profs ne me **comprennent** pas.	Gefühl
Je suis contente que ma copine Aleyna **parte** avec moi.	Gefühl
C'est dommage que Lisa n'**ait** pas envie de venir.	Gefühl
Je trouve nul que nous ne **montions** pas sur la tour Eiffel.	Bewertung
J'ai trouvé bizarre qu'ils **appellent** ça «Armenbrot».	Bewertung

Außerdem wird der ***subjonctif*** auch nach Ausdrücken verwendet, mit denen du ein Gefühl ausdrückst oder mit denen du etwas bewertest.

MERKE

Je veux que / Je voudrais que	
Il faut / Il faudrait que	
J'ai peur que / Je suis content(e), furieux(-euse), étonné(e) que	*+ subjonctif*
Je trouve nul/bizarre/triste/drôle/difficile/important/amusant que	
C'est dommage que	

Wiederhole die Verbformen des ***subjonctif*** (▶ p. 23/6.2).

venir
que je vienne
que tu viennes
qu'il ...

Hast du das verstanden? ▶ Webcode: APLUS-4-GH

Subjonctif oder Indikativ? Ergänze mit der passenden Verbform.

1. J'espère qu'elle m' ? *(appeler)*. 2. Je suis contente qu'elle ? *(venir)*. 3. Je pense que le frère de Laura ? *(être)* en France. 4. Je trouve nul que nous ? *(avoir)* trois interros la semaine prochaine. 5. Les profs disent que nous ne ? *(travailler)* pas assez. 6. Je voudrais que mon corres ? *(faire)* du foot, comme moi.

17 Je ne parle pas encore couramment français.

U2 V2, p. 44

Die Adverbien auf *-emment, -amment, -ément* | **Les adverbes en** *-emment, -amment, -ément*

facile → facile**ment**
normal/normal**e** → normale**ment**
ouvert/ouvert**e** → ouverte**ment**
heureux/heur**euse** → heureuse**ment**
long/long**ue** → longue**ment**
naturel/natur**elle** → naturelle**ment**

Du kennst schon die Adverbien, die mit der femininen Form eines Adjektivs und der Endung ***-ment*** gebildet werden (▶ p. 12/4.1).

différ**ent**/différente → différ**emment**
évid**ent**/évidente[1] → évid**emment**
viol**ent**/violente → viol**emment**
intellig**ent**/intelligente → intellig**emment**
cour**ant**/courante[2] → cour**amment**
indépend**ant**/indépendante → indépend**amment**

1 évident/e klar, eindeutig **2 courant/e** gängig, üblich

Adjektive, die auf ***-ent*** enden, bilden Adverbien auf ***-emment***. Adjektive, die auf ***-ant*** enden, bilden Adverbien auf ***-amment***. Die Endungen ***-emment*** und ***-amment*** werden gleich ausgesprochen: [-amɑ̃].
Nicht immer ist die Bedeutung von Adjektiv und dem davon abgeleiteten Adverb gleich.

énorme[3] *m./f.* → énorm**ément** carr**ément** forc**ément** **3 énorme** riesig, gewaltig

Einige Adverbien enden auf ***-ément***. Die musst du auswendig lernen.

gentil/gentille	→ **gentiment**	absolu/absolu~~e~~	→ **absolument**
vrai/vrai~~e~~	→ **vraiment**	bon/bonne	→ **bien**

! Denke an die unregelmäßigen Adverbien.

Les élèves allemands travaillent **de manière plus autonome.**
Elle s'habille **de manière bizarre.**
L'auteur nous a expliqué ses idées **de manière intéressante.**

Du kannst nicht von jedem französischen Adjektiv ein Adverb ableiten. Für fehlende Adverbien kannst du den Ausdruck ***de manière*** + Adjektiv verwenden.

Hast du das verstanden? ▶ Webcode: APLUS-4-GH

Bilde zu den folgenden Adjektiven die dazugehörigen Adverbien.
1. terrible 2. rapide 3. gentil 4. sérieux 5. différent 6. bon 7. drôle 8. indépendant 9. absolu 10. violent 11. naturel 12. intelligent

18 Elle m'a demandé de lui donner mon livre.

U2 V2, p. 44

Die Verben *dire de / demander de* + Infinitiv | Les verbes *dire de / demander de* + infinitif

Inès: «Regardez sur Internet.»	→ **Inès nous a dit de** regarder sur Internet. Inès hat uns gesagt, wir sollen im Internet nachschauen.
Paul: «Ne t'inquiète pas.»	→ **Paul me dit de** ne pas m'inquiéter. Paul sagt mir, ich solle mich nicht beunruhigen.
Léa: «Raconte-moi ton expérience.»	→ **Léa me demande de** lui raconter mon expérience. Léa bittet mich, ihr meine Erfahrungen zu erzählen.
Hugo: «Est-ce que vous pouvez m'aider?»	→ **Hugo nous demande de** l'aider. Hugo bittet uns ihm zu helfen.
Lucie: «Tu peux expliquer le devoir à Tom?»	→ **Lucie m'a demandé d'**expliquer le devoir à Tom. Lucie hat mich gebeten, Tom die Aufgabe zu erklären.

Wenn du wiedergeben willst, dass jemand eine andere Person zu etwas aufgefordert hat oder um etwas gebeten hat, verwendest du ***dire de*** + Infinitiv oder ***demander de*** + Infinitiv.
! Denke daran, dass das Objektpronomen (hier: ***m', lui, l'***) vor dem Infinitiv steht.

MERKE ***demander à qn de*** / ***dire à qn de*** | (+ Objektpronomen) + Infinitiv

Hast du das verstanden? ▶ Webcode: APLUS-4-GH

Wiederhole, was der Lehrer zu euch gesagt hat. Verwende: ***Notre prof nous a dit de …*** und ***Notre prof nous a demandé de …***

1. Lisez la liste et choisissez un livre. 2. Jouez le sketch que vous avez écrit. 3. S'il vous plaît, aidez vos voisins. 4. Racontez-moi vos expériences de votre séjour en Allemagne. 5. Corrigez les textes de vos voisins. 6. Dépêchez-vous!

19 Je rejoins, tu rejoins, il rejoint … Je me plains, tu te plains, il se plaint …

U2 V3, p. 48

Die unregelmäßigen Verben *rejoindre* **und** *se plaindre* |
Les verbes irréguliers *rejoindre* **et** *se plaindre*

		rejoindre			se plaindre
présent	je	rejoins	je	me	plains
	tu	rejoins	tu	te	plains
	il/elle/on	rejoint	il/elle/on	se	plaint
	nous	rejoignons	nous	nous	plaignons
	vous	rejoignez	vous	vous	plaignez
	ils/elles	rejoignent	ils/elles	se	plaignent
imparfait	je	rejoignais	je	me	plaignais
futur simple	je	rejoindrai	je	me	plaindrai
conditionnel	je	rejoindrais	je	me	plaindrais
subjonctif	que je	rejoigne	que je	me	plaigne
impératif		Rejoins. Rejoignons. Rejoignez.			Plains-toi. Plaignons-nous. Plaignez-vous.
passé composé	j'	ai rejoint	je	me	suis plaint/e

Die unregelmäßigen Verben ***rejoindre*** und ***se plaindre*** verlieren in allen Formen das ***-d-*** des Stamms: ***rejoin-, plain-***. In den Pluralformen des Präsens wird zur Erleichterung der Aussprache aus dem ***-n-*** des Stamms ***-gn-***.

Hast du das verstanden? ▶ Webcode: APLUS-4-GH

Ergänze mit der passenden Verbform von ***rejoindre*** (**a**) und ***se plaindre*** (**b**).

a 1. Après deux jours, je/j' ? *(passé composé)* mon groupe. 2. Nicolas ? nous ? *(futur composé)* ce soir. 3. Je voudrais que les autres nous ? *(subjonctif)* plus tard. 4. Vous nous ? *(présent)* demain?

b 1. Arrête de ? . 2. De quoi est-ce que vous ? *(présent)* tout le temps? 3. Gustav ? *(passé composé)* de son oreiller. 4. Les élèves ? *(présent)* de la nourriture. 5. Je ne veux plus que tu ? *(subjonctif)*.

2 Fais le point

Hier kannst du überprüfen, was du in der *Unité* 2 gelernt hast. Diese Aufgaben kannst du unter www.cornelsen.de/webcodes APLUS-4-GH-40 herunterladen und ausfüllen.

1 **Übersetze ins Französische. Verwende dabei *on*.**

1. Das Passiv wird nicht oft verwendet. 2. Neben unserem Haus ist ein Kino gebaut worden. 3. Das Brot wird in lange Stücke geschnitten. 4. Die Schultüte wird mit nützlichen Dingen und Bonbons gefüllt.

2 **Verwende den *subjonctif*. Sage auf Französisch, dass du …**

1. … froh bist, dass dein Freund am Samstag kommt. 2. … möchtest, dass die Ferien nie aufhören. 3. … Angst hast, dass dein Austauschpartner dich nicht versteht. 4. … es lustig findest, dass sie in der Schule *surveillants* haben. 5. … es schlecht findest, dass der Unterricht um 7.55 Uhr beginnt.

3 **Adjektiv oder Adverb?**

1. Le fim est ?, il dure trois heures. Les élèves ont ? discuté de ce film. *(long)*
2. Ma voisine est ?. Elle m'a ? aidé à faire mes devoirs. *(gentil)*
3. Anne est ? parce qu'elle va partir pendant trois mois en France. ?, elle connaît déjà sa corres Morgane. *(heureux)*
4. On mange très ? dans ce restaurant. Leur cuisine est très ?. *(bon)*

4 **Dein französischer Austauschpartner hat nichts verstanden. Wiederhole für ihn auf Französisch, was der Lehrer euch gesagt hat. Verwende *dire/demander de* + Infinitiv.**

1. Korrigiert euren Text. 2. Gebt euren Text der anderen Gruppe. 3. Recherchiert[1] im Internet. 4. Schaut euch die Sendung „Karambolage" an. 5. Beschreibt euer Lieblingsfest. 6. Schaut die Wörter, die ihr nicht kennt, im Wörterbuch nach.

1 recherchieren **rechercher**

5 **a** **Ergänze die Sätze mit der passenden Form von *rejoindre*.**

1. Nolwenn ? *(passé composé)* ses copines vers six heures et demie.
2. À plus! Je ? vous ? à midi *(futur composé)*.
3. Il court trop vite. Je ne le ? *(futur simple)* jamais.
4. L'hôtel est à deux kilomètres d'ici. Nous vous ? *(présent)* là-bas.
5. Notre prof voudrait que nous ? *(subjonctif)* l'autre groupe.

b **Übersetze ins Französische. Verwende dabei *se plaindre*.**

1. Die Schüler beschweren sich immer über ihre Hausaufgaben. 2. Früher haben sie sich weniger beschwert *(imparfait)*. 3. Worüber beschwerst du dich? 4. Die Nachbarn haben sich über uns beschwert *(passé composé)*. 5. Unser Französischlehrer wird sich über uns beschweren *(futur simple)*, weil wir nicht genug arbeiten.

Unité 3 Bienvenue sur le continent africain

20 Un tiers des immigrés viennent du Maghreb.

U3 V1, p. 64

Die Bruchzahlen | Les fractions

1/2	un **demi**	2/2	deux demis
1/3	un **tiers**	2/3	deux tiers
1/4	un **quart**	3/4	trois quarts
1/5	un cinquième	3/5	trois cinquièmes
1/6	un sixième	5/6	cinq sixièmes

Den Zähler einer Bruchzahl gibst du mit einer Grundzahl an. Den Nenner gibst du mit einer Ordnungszahl an. Ausnahmen: ***un demi, un tiers, un quart***. Ist der Zähler größer als 1, steht der Nenner im Plural.

1 1/2 un et demi   1 3/4 un (et) trois quarts   2 1/5 deux (et) un cinquième

Nach einer ganzen Zahl ***(un, deux, ...)*** schließt du ***demi*** immer mit ***et*** an. Andere Brüche kannst du mit oder ohne ***et*** anschließen.

les deux tiers des femmes   **les** trois quarts des touristes
zwei Drittel der Frauen   drei Viertel der Touristen

Vor Brüchen, auf die eine Ergänzung folgt (hier: ***des femmes, des touristes***) und deren Zähler größer ist als 1, steht häufig der bestimmte Artikel im Plural.

21 Avant, elle avait déjà écrit des romans.

U3 V2, p. 68

Das Plusquamperfekt | Le plus-que-parfait

Die Bildung

j'	avais	regardé	j'	étais	allé/allée
tu	avais	regardé	tu	étais	allé/allée
			il	était	allé
il/elle/on	avait	regardé	elle	était	allée
			on	était	allé/allée/allés/allées
nous	avions	regardé	nous	étions	allés/allées
vous	aviez	regardé	vous	étiez	allé/allée/allés/allées
ils/elles	avaient	regardé	ils	étaient	allés
			elles	étaient	allées

Du bildest das ***plus-que-parfait*** mit der ***imparfait***-Form eines Hilfsverbs (***avoir*** oder ***être***) und dem Partizip Perfekt eines Verbs. Im Deutschen wird das Plusquamperfekt genauso gebildet („ich hatte angesehen", „sie war gegangen").

L'actrice était allée en France.
Son copain était resté au Maroc.
Ses frères étaient aussi allés en France.
Ses copines étaient venues en France pendant les vacances.

Für die Wahl des Hilfsverbs und die Angleichung des Partizips Perfekt an das Subjekt gelten im ***plus-que-parfait*** dieselben Regeln wie im ***passé composé*** (▶ p. 18).

Der Gebrauch

Tiken Jah Fakoly **s'est exilé** au Mali parce qu'**il avait critiqué** le pouvoir ivoirien.
En 2012, l'actrice Fatym Layachi **a créé** la pièce de théâtre «Je dis non». Avant, elle **s'était** déjà **engagée** pour la liberté de penser.

Mit dem ***plus-que-parfait*** kannst du ausdrücken, dass eine vergangene Handlung noch vor einer anderen – ebenfalls vergangenen – Handlung stattgefunden hat. Die Handlung, die zuerst stattgefunden hat, schilderst du im ***plus-que-parfait***.

Vorvergangenheit	Vergangenheit
L'actrice **s'était engagée** pour la liberté de penser.	Elle **a créé** la pièce de théâtre «Je dis non».
2010	2012

Hast du das verstanden?

▶ Webcode: APLUS-4-GH

Bilde die passende Form des Verbs im ***plus-que-parfait***.

1. ils *(avoir)*
2. tu *(apprendre)*
3. il *(fonder)*
4. nous *(vivre)*
5. elles *(se battre)*
6. vous *(être)*
7. nous *(lutter)*
8. je *(servir)*
9. elle *(devenir)*
10. vous *(revenir)*
11. tu *(mettre)*
12. je *(aller)*
13. il *(se plaindre)*
14. elle *(attendre)*

22 Yerim a dit qu'il voulait aller à la plage.

U3 V3, p. 72

Die indirekte Rede in der Vergangenheit | Le discours indirect au passé

Souadou:	Souadou **a dit** ...
«C'est trop loin.»	... **que** c'était trop loin.
«On ira voir un match de foot.»	... **qu'**on irait voir un match de foot.
«Les Lions ont gagné.»	... **que** les Lions avaient gagné.

Du weißt schon, dass die indirekte Rede/Frage immer mit einem Verb der Redeeinleitung/Frageeinleitung (***il dit que, il demande que*** usw.) eingeleitet wird (▶ p. 29/10). Wenn dieses Verb der Redeeinleitung/Frageeinleitung in einer Zeit der Vergangenheit steht (***il a dit que, il a demandé que*** usw.), kannst du im Nebensatz nicht immer die gleiche Zeitform verwenden wie in der direkten Rede. Du musst einige Zeitformen verändern:
Das ***présent*** wird zu ***imparfait***, das ***futur simple*** zu ***conditionnel présent*** und das ***passé composé*** zu ***plus-que-parfait***.

MERKE

direkte Rede:		indirekte Rede:
présent	→	***imparfait***
futur simple	→	***conditionnel présent***
passé composé	→	***plus-que-parfait***

Boubacar:	Boubacar **a dit** ...
«On voulait aller à la plage.»	... **qu'**ils voulaient aller à la plage.
«Je n'étais pas revenu au Sénégal depuis huit ans.»	... **qu'**il n'était pas revenu au Sénégal depuis huit ans.
«Je voudrais aller au Lac rose.»	... **qu'**il voudrait aller au Lac rose.

! Diese drei Zeitformen musst du in der indirekten Rede nicht verändern.

imparfait	→	***imparfait***
plus-que-parfait	→	***plus-que-parfait***
conditionnel présent	→	***conditionnel présent***

1. Élimane: «Est-ce que vous voulez aller sur l'île de Gorée?»	1. Élimane a demandé s'ils voulaient aller sur l'île de Gorée.
2. Yerim: Élimane, **quand** est-ce que tu viendras nous voir à Paris?»	2. Yerim a demandé à Elimane **quand** il viendrait les voir à Paris.
3. Boubacar: «Ma famille parle wolof.»	3. Boubacar a dit **que** sa famille parle wolof.

Denke daran,
- die indirekte Frage mit ***si/s'*** („ob“) (Satz 1) oder mit dem Fragewort der direkten Frage (Satz 2: ***quand***) einzuleiten,
- die Subjektpronomen, Objektpronomen und die Possessivbegleiter der veränderten Situation anzupassen.

Hast du das verstanden? ▶ Webcode: APLUS-4-GH

Gib wieder, was Boubacar gesagt hat. Verwende die indirekte Rede in der Vergangenheit.

1. «Nous habitons chez ma tante et mes cinq cousins et cousines. Ils parlent wolof.»
2. «Ils nous avaient préparé des spécialités sénégalaises.» 3. «Nous sommes allés sur l'île de Gorée.» 4. «J'ai appris que les Africains avaient participé à la traite des Noirs.»
5. «Je vous raconterai le reste à mon retour.»

23 C'est un sport traditionnel dont je suis devenu fan.

U3 V3, p. 72

Das Relativpronomen *dont* | Le pronom relatif *dont*

1. C'est un sport traditionnel. Je suis devenu fan de ce sport traditionnel.

   ↓

   C'est un sport traditionnel **dont** je suis devenu fan.

   Das ist ein traditioneller Sport. Ich bin Fan von diesem traditionellen Sport geworden.

   ↓

   Das ist ein traditioneller Sport, **von dem** ich Fan geworden bin.

2. On est allés au Lac rose. L'eau du Lac rose est vraiment rose.

   ↓

   On est allés au Lac rose **dont** l'eau est vraiment rose.

   Wir sind zum Lac rose gefahren. Das Wasser des Lac rose ist wirklich rosa.

   ↓

   Wir sind zum Lac rose gefahren, **dessen** Wasser wirklich rosa ist.

Das Relativpronomen ***dont*** leitet einen Relativsatz ein. ***Dont*** ist unveränderlich und kann für Personen und Sachen stehen. Mit der Verwendung von ***dont*** kannst du Wiederholungen vermeiden und aus zwei Sätzen einen Satz machen: Du ersetzt die Ergänzung mit ***de***, die im zweiten Satz steht, durch ***dont***.

1. Tu te souviens **de ce lac**? J'ai oublié le nom **de ce lac**.
→ Tu te souviens de ce lac **dont** j'ai oublié le nom?

2. Élimane parle **du séjour** à Paris. Il rêve **de ce séjour** depuis longtemps.
→ Élimane parle du séjour à Paris **dont** il rêve depuis longtemps.

3. Boubacar montre **son boubou**. Il est fier **de son boubou**.
→ Boubacar montre son boubou **dont** il est fier.

Mit ***dont*** kannst du unterschiedliche Ergänzungen mit ***de*** ersetzen: die Ergänzung eines Nomens mit ***de*** (1), die Ergänzung eines Verbs mit ***de*** (2) oder die Ergänzung eines Adjektivs mit ***de*** (3).

parler de qn/qc	Les cousins **dont** il parle ...	..., **von denen** er spricht ...
rêver de qn/qc	Le travail **dont** il rêve ...	..., **von der** er träumt ...
s'occuper de qn/qc	L'organisation **dont** elle s'occupe ...	..., **um die** sie sich kümmert ...
se souvenir de qn/qc	La fille **dont** je me souviens ...	..., **an das** ich mich erinnere ...
avoir envie de qc	Le concert **dont** j'ai envie ...	..., **auf das** ich Lust habe ...
avoir besoin de qc	L'argent **dont** j'ai besoin ...	..., **das** ich brauche ...
être content/e de qc	Le voyage **dont** il est content ...	..., **über die** er glücklich ist ...
être fier/fière de qn/qc	Les dessins **dont** elle est fière ...	..., **auf die** sie stolz ist ...

Da ***dont*** verschiedenartige Ergänzungen mit ***de*** ersetzen kann, wird es ganz unterschiedlich ins Deutsche übersetzt. Merke dir diese häufig gebrauchten Wendungen mit ***dont***.

Hast du das verstanden?

▶ **Webcode**: APLUS-4-GH

Finde heraus, wofür ***dont*** in diesen Sätzen steht und mache aus einem Satz zwei Sätze.
1. Yerim a trouvé les informations dont il a besoin sur Internet.
→ Yerim a trouvé les informations sur Internet. Yerim a besoin de ...
2. Boubacar a vu un tournoi de lutte sénégalaise, un sport traditionnel dont il est devenu fan.
3. Un autre jour, ils sont allés au cinéma pour voir un film dont Kaba a beaucoup parlé.
4. Élimane a offert un CD à Souadou dont elle a envie depuis longtemps.
5. En été, Boubacar et Yerim ont enfin fait le voyage à Dakar dont ils rêvent depuis huit ans.

24 J'accueille, tu accueilles ... Je jette, tu jettes ...

U3 V3, p. 72

Die Verben *accueillir* und *jeter* | Les verbes *accueillir* et *jeter*

		accueillir		**jeter**
présent	j'	accueille	je	jette
	tu	accueilles	tu	jettes
	il/elle/on	accueille	il/elle/on	jette
	nous	accueillons	nous	jetons
	vous	accueillez	vous	jetez
	ils/elles	accueillent	ils/elles	jettent
imparfait	j'	accueillais	je	jetais
futur simple	j'	accueillerai	je	jetterai
conditionnel	j'	accueillerais	je	jetterais
subjonctif	que j'	accueille	que je	jette
impératif		Accueille. Accueillons. Accueillez.		Jette. Jetons. Jetez.
passé composé	j'	ai accueilli	j'	ai jeté

Das unregelmäßige Verb ***accueillir*** endet zwar auf ***-ir***, wird aber in den Singularformen des Präsens wie ein Verb, das auf ***-er*** endet, konjugiert: ***-e, -es, -e***. Das kennst du schon von den Verben ***offrir*** und ***ouvrir (j'offre, j'ouvre)***. Die Pluralformen von ***accueillir*** sind regelmäßig. Auch im ***futur simple*** und im ***conditionnel*** tut das Verb so, als ende es auf ***-er***: ***j'accueillerai(s)***.

Das Verb ***jeter*** ist ein regelmäßiges Verb auf ***-er*** mit einer Besonderheit: Es hat in den Singularformen des Präsens zwei ***-t- (-tt-)*** anstelle von einem ***-t-***. In den Formen des ***futur simple*** und des ***conditionnel*** wird ***-tt-*** aus der 1. Person Singular Präsens übernommen.

Hast du das verstanden?

▶ Webcode: APLUS-4-GH

Bilde die passende Verbform von ***accueillir*** (**a**) und ***jeter*** (**b**).

a
1. je *(passé composé)*
2. il *(futur simple)*
3. vous *(présent)*
4. ils *(imparfait)*
5. nous *(subjonctif)*
6. tu *(présent)*
7. on *(plus-que-parfait)*
8. elles *(conditionnel)*
9. je *(présent)*

b
1. tu *(présent)*
2. elle *(passé composé)*
3. nous *(conditionnel)*
4. vous *(subjonctif)*
5. ils *(imparfait)*
6. je *(plus-que-parfait)*
7. on *(futur simple)*
8. il *(présent)*
9. elles *(présent)*

Hier kannst du überprüfen, was du in der *Unité* 3 gelernt hast. Diese Aufgaben kannst du unter www.cornelsen.de/webcodes APLUS-4-GH-47 herunterladen und ausfüllen.

1 *Passé composé* oder *plus-que-parfait*? Ergänze die Sätze.

1. Quand Eva ? *(arriver)* à l'école, les cours ? déjà ? *(commencer)*. Elle ? *(devoir)* rentrer à la maison parce qu'elle ? *(oublier)* son carnet de correspondance.
2. Quand les parents ? *(rentrer)* le soir, Lena et Max ? encore ? *(ne pas terminer)* leurs devoirs. Quand ils ? enfin ? *(aller)* dans la cuisine, les parents ? déjà ? *(préparer)* le repas.
3. Yerim et Boubacar ? *(arriver)* à Paris à six heures du soir. Ils étaient fatigués parce qu'ils ? *(passer)* douze heures dans le car. Laïla les attendait. Ils lui ? *(donner)* le cadeau qu'ils ? *(acheter)* au marché de Dakar.

2 Gib in der indirekten Rede der Vergangenheit wieder, was diese Personen gesagt oder gefragt haben.

1. Élimane: «Mon cousin s'est bien débrouillé au marché.»
2. Élimane: «Est-ce qu'on marchande aussi au marché à Paris?»
3. Yerim: «Boubacar et moi, on voulait aller à Saly.»
4. Kaba: «Vous avez fait des progrès.»
5. Boubacar: «Je suis content de vous revoir.»
6. Boubacar: «Je n'étais pas revenu au Sénégal depuis huit ans.»
7. Yerim: «Quand est-ce qu'Élimane viendra à Paris?»

3 Übersetze.

1. Heute Abend werden wir den Film sehen, von dem Antoine uns erzählt hat.
2. Der Junge, um den sich Zoé ein Mal in der Woche kümmert, heißt Moussa.
3. Erinnerst du dich an den Namen des Sports, von dem Boubacar Fan geworden ist?
4. Wie heißt die Organisation, um die sich Tiken Jah Fakoly kümmert?
5. Hast du die Fotos von Yerim gesehen, auf die er so[1] stolz ist?

[1] so **si**

4 Übersetze.

1. Man hat die Brüder in Dakar freundlich empfangen.
2. Ich möchte, dass ihr die Gäste empfangt.
3. So werden die Leute hier empfangen.
4. Wir werden die Austauschschüler um 10 Uhr empfangen.
5. Hast du mein Lieblings-T-Shirt weggeworfen?
6. Die Leute werfen ihre Abfälle überall hin.
7. Ich will nicht, dass ihr eure Abfälle überall hinwerft.
8. Er wirft einen Stein ins Wasser.
9. Sie hat meinen Stift in den Mülleimer geworfen.

25 À sa place, je serais allée voir le prof.

MA p. 84

Das *conditionnel passé* | Le conditionnel passé

Die Bildung

j'	aurais	parlé	je	serais	arrivé/arrivée
tu	aurais	parlé	tu	serais	arrivé/arrivée
			il	serait	arrivé
il/elle/on	aurait	parlé	elle	serait	arrivée
			on	serait	arrivé/arrivée/arrivés/arrivées
nous	aurions	parlé	nous	serions	arrivés/arrivées
vous	auriez	parlé	vous	seriez	arrivé/arrivée/arrivés/arrivées
ils/elles	auraient	parlé	ils	seraient	arrivés
			elles	seraient	arrivées

Du bildest das ***conditionnel passé*** mit einem Hilfsverb (***avoir*** oder ***être***) im ***conditionnel présent*** (▶ p. 31/11) und einem Partizip Perfekt.

Il serait venu. Elle serait venue.
Ils seraient venus. Elles seraient venues.

Für die Wahl des Hilfsverbs und die Angleichung des Partizips Perfekt an das Subjekt gelten im ***conditionnel passé*** dieselben Regeln wie im ***passé composé*** (▶ p. 18).

Der Gebrauch

À la place de Khoumba, je n'**aurais** pas **écrit** à mon prof. Je **serais allée** le voir.
Au lieu de rigoler, elles **auraient dû** prendre leur tâche au sérieux.
Le prof **aurait dû** empêcher Esmeralda de dire n'importe quoi.

Mit dem ***conditionnel passé*** kannst du eine Aussage über etwas machen, das hätte stattfinden können, aber tatsächlich nicht stattgefunden hat („An ihrer Stelle hätte ich ..."). Außerdem kannst du das ***conditionnel passé*** für Annahmen und zum Ausdruck eines Vorwurfs oder von Kritik verwenden („Du hättest ... ").

Hast du das verstanden? ▶ **Webcode**: APLUS-4-GH

Bilde die passenden Formen des ***conditionnel passé***.

1. je *(aller)*
2. nous *(avoir)*
3. ils *(être)*
4. tu *(jeter)*
5. il *(se battre)*
6. on *(venir)*
7. vous *(parler)*
8. il *(courir)*
9. elle *(vivre)*
10. je *(mettre)*
11. tu *(se plaindre)*
12. elle *(accueillir)*

26 Ce fut un choc pour nous tous.

MB D, p. 92

Das *passé simple* | Le passé simple

Die Bildung

	-ai	je	parl**ai**
	-as	tu	parl**as**
	-a	il/elle/on	parl**a**
parl~~er~~ +	**-âmes**	nous	parl**âmes**
	-âtes	vous	parl**âtes**
	-èrent	ils/elles	parl**èrent**

	-is	j'	attend**is**
attend~~re~~	**-is**	tu	fin**is**
fin~~ir~~ +	**-it**	il/elle/on	part**it**
part~~ir~~	**-îmes**	nous	attend**îmes**
	-îtes	vous	fin**îtes**
	-irent	ils/elles	part**irent**

Um die Formen des ***passé simple*** zu bilden, werden an den Stamm des Verbs die Endungen des ***passé simple*** angehängt:
Endungen für die Verben auf ***-er***: ***-ai, -as, -a, -âmes, -âtes, -èrent***
Endungen für die Verben auf ***-re*** und ***-ir***: ***-is, -is, -it, -îmes, -îtes, -irent***

vouloir → il voul**ut** / ils voul**urent**
disparaître → il dispar**ut** / ils dispar**urent**
courir → il cour**ut** / ils cour**urent**
il faut → il fall**ut**

Einige unregelmäßge Verben haben im ***passé simple*** die Endungen ***-us, -us,-ut, -ûmes, -ûtes, -urent***.

	avoir	être	faire	venir	prendre	pouvoir	savoir
je/j'	**eus**	**fus**	**fis**	**vins**	**pris**	**pus**	**sus**
tu	**eus**	**fus**	**fis**	**vins**	**pris**	**pus**	**sus**
il/elle/on	**eut**	**fut**	**fit**	**vint**	**prit**	**put**	**sut**
nous	**eûmes**	**fûmes**	**fîmes**	**vînmes**	**prîmes**	**pûmes**	**sûmes**
vous	**eûtes**	**fûtes**	**fîtes**	**vîntes**	**prîtes**	**pûtes**	**sûtes**
ils/elles	**eurent**	**furent**	**firent**	**vinrent**	**prirent**	**purent**	**surent**

! Die ***passé simple***-Formen dieser Verben sind unregelmäßig.
Verwechsle nicht ***il fut*** („er ist gewesen") und ***il fit*** („er hat gemacht").

je	vins	[vɛ̃]
tu	vins	[vɛ̃]
il/elle/on	vint	[vɛ̃]
nous	vînmes	[vɛ̃m]
vous	vîntes	[vɛ̃t]
ils/elles	vinrent	[vɛ̃ʀ]

Der Gebrauch

Ma mère Jeanne et mes frères **furent** victimes de ces horreurs. Ma mère **voulut** sauver mes deux jeunes frères dans l'incendie de notre maison. Malheureusement, elle n'y **réussit** pas et elle **perdit** la vie avec eux. Ce jour-là, mon père et moi, nous nous trouvions dans notre imprimerie. Cela nous **sauva** la vie.

Ma mère Jeanne et mes frères **ont été** victimes de ces horreurs. Ma mère **a voulu** sauver mes deux jeunes frères dans l'incendie de notre maison. Malheureusement, elle n'y **a** pas **réussi** et elle **a perdu** la vie avec eux. Ce jour-là, mon père et moi, nous nous trouvions dans notre imprimerie. Cela nous **a sauvé** la vie.

Das ***passé simple*** wird zur Darstellung von vergangenen Ereignissen fast genauso verwendet wie das ***passé composé***. Es tritt dabei, wie auch das ***passé composé***, gemeinsam mit dem ***imparfait*** auf (▶ p. 21).

Das ***passé simple*** erscheint aber fast nur in der geschriebenen Sprache, vor allem in erzählenden Texten. Wichtig für dich ist also, dass du beim Lesen die Formen des ***passé simple*** erkennen kannst und von ihnen den Infinitiv ableiten kannst. Im mündlichen Sprachgebrauch verwendest du kein ***passé simple***.

Hast du das verstanden?

▶ Webcode: APLUS-4-GH

a Wie lautet der Infinitiv der folgenden ***passé-simple***-Formen?

1. nous voulûmes
2. ils furent
3. il eut
4. elle alla
5. nous fûmes
6. ils finirent
7. elles allèrent
8. j'eus
9. il fit
10. elle prit
11. ils purent
12. elles vinrent
13. tu sus
14. il fut
15. elle put

b Bilde das ***passé composé*** der in **a** angegebenen Verbformen.

27 C'est un label qui n'est ni officiel ni réel.

MC p. 94

Die Verneinung mit *ne … ni … ni* | **La négation avec** *ne … ni … ni*

1. Cette publicité veut informer et dire la vérité.
   Cette publicité **ne** veut **ni** informer **ni** dire la vérité. — … will **weder** informieren **noch** die Wahrheit sagen.
2. Cette marque se sert d'un label qui est officiel et réel.
   Cette marque se sert d'un label qui **n'**est **ni** officiel **ni** réel. — …, das **weder** offiziel **noch** echt ist.
3. Il s'intéresse à la publicité et aux slogans.
   Il **ne** s'intéresse **ni** à la publicité **ni** aux slogans. — … interessiert sich **weder** für Werbung **noch** für Slogans.
4. Je lui ai donné le livre et le CD.
   Je **ne** lui ai donné **ni** le livre **ni** le CD. — … **weder** das Buch **noch** die CD gegeben.
5. On donne des détails et des informations sur le produit.
   On **ne** donne **ni** détails **ni** informations sur le produit. — … geben **weder** Details **noch** Informationen …
6. Leur groupe a fait une publicité et un slogan.
   Leur groupe **n'** a fait **ni** publicité **ni** slogan. — … **weder** eine Werbung **noch** einen Slogan gemacht.

Die Verneinung ***ne … ni … ni*** besteht aus drei Teilen. ***Ne*** stellst du vor die konjugierte Form des Verbs, wie sonst auch. ***Ni*** stellst du vor die Satzteile, die du verneinen willst. Diese können ein Verb (1), ein Adjektiv (2), ein indirektes Objekt (3), ein direktes Objekt (4–6) oder eine andere Ergänzung sein. ***Ni*** wird vor einem Vokal nie apostrophiert. Einen unbestimmten Artikel (***un, une, des***) aus dem bejahten Satz lässt du im verneinten Satz weg.

– Est-ce que tu as acheté du thé et du café?
– Je **n'**ai acheté **ni** (du) thé **ni** (du) café.

! Einen Teilungsartikel kannst du nach ***ni*** auch weglassen.

Hast du das verstanden?

▶ Webcode: APLUS-4-GH

Sage das Gegenteil. Verwende dabei ***ne … ni … ni***.

1. Ce livre est drôle et intéressant.
2. J'ai vu cette publicité dans un magazine et à la télé.
3. Cette association veut sensibiliser le public et provoquer les entreprises.
4. Henri a un vélo et un VTT.
5. Mathieu a écrit à ses parents et à ses grands-parents.
6. Mon copain déteste le rap et le hip-hop.
7. Dans votre présentation, vous avez parlé d'écoblanchiment et de l'association «O-Vert-Dose».
8. Pour la fête, Emma a acheté des chips et des gâteaux.

28 Je convaincs, tu convaincs, il convainc …

MC p. 94

Das unregelmäßige Verb *convaincre* | Le verbe irrégulier *convaincre*

présent	je	convaincs
	tu	convaincs
	il/elle/on	convainc
	nous	convainquons
	vous	convainquez
	ils/elles	convainquent
imparfait	je	convainquais
futur simple	je	convaincrai
conditionnel	je	convaincrais
subjonctif	que je	convainque
impératif		Convaincs. Convainquez. Convainquons.
passé composé	j'	ai convaincu

Die 3. Person Singular Präsens des unregelmäßigen Verbs ***convaincre*** endet auf ***-c***, bekommt also kein weiteres ***-t*** oder ***-d*** dazu. In allen Pluralformen des Präsens wird das ***-c-*** des Stamms durch ***-qu-*** ersetzt. Das verändert die Aussprache nicht: ***convaincre*** [kɔ̃vɛ̃kʀ], ***nous convainquons*** [kɔ̃vɛ̃kɔ̃].

29 Après avoir gagné le concours, elle a donné une interview.

ME p.100

Der Infinitivsatz mit *après avoir* / *après être* + Partizip Perfekt |
La phrase infinitive avec *après avoir* / *après être* + participe passé

Infinitivsatz				Hauptsatz
Präposition	Infinitiv	Partizip		
Après	**avoir**	**gagné**	un concours de slam,	Djenabou a donné une interview.
Nachdem sie einen Slam-Wettbewerb gewonnen hat,				hat Djenabou ein Interview gegeben.
Après	**être**	**partie**	du Burkina Faso,	sa mère s'est installée en France.
Nachdem sie Burkina Faso verlassen hat,				hat sich ihre Mutter in Frankreich niedergelassen.

Mit der Präposition ***après*** kannst du Infinitivsätze bilden. Nach der Präposition steht der Infinitiv (***avoir*** oder ***être***) und danach das Partizip Perfekt eines Verbs.

MERKE ***après avoir*** / ***après être*** | + Partizip Perfekt

Après être allé au concours de slam, il a fait l'interview.

Après être allés au concours de slam, ils vont manger.

Après être allée au concours de slam, elle a fait l'interview.

Après être allées au concours de slam, elles vont manger.

Steht im Infinitivsatz der Infinitiv ***être***, musst du das folgende Partizip dem Subjekt des Hauptsatzes angleichen.

Vendredi

Après avoir gagné le concours,
Nachdem sie den Wettbewerb gewonnen hat,

Samedi

Djenabou a donné une interview.
hat Djenabou ein Interview gegeben.

Im Infinitivsatz beschreibst du eine Handlung, die vor der Handlung im Hauptsatz stattgefunden hat. Dem französischen Infinitivsatz entspricht im Deutschen ein Temporalsatz mit „nachdem".

Hast du das verstanden? ▶ Webcode: APLUS-4-GH

Erzähle den Ablauf eines typischen Sonntags.

se lever très tard – s'habiller – prendre le petit-déjeuner – appeler mon copain / ma copine – faire du vélo avec ___ – prendre une douche – manger quelque chose – aller au cinéma avec ___ – faire les devoirs pour lundi – manger avec ma famille – lire mon livre – aller au lit

Exemple: Après m'être levé/e très tard, je me suis habillé/e. Après m'être habillé/e, j'ai pris ...

30 Je fuis, tu fuis, il fuit ...

ME p.100

Das unregelmäßige Verb *fuir* | Le verbe irrégulier *fuir*

présent	je	fuis
	tu	fuis
	il/elle/on	fuit
	nous	fuyons
	vous	fuyez
	ils/elles	fuient
imparfait	je	fuyais
futur simple	je	fuirai
conditionnel	je	fuirais
subjonctif	que je	fuie
impératif		Fuis. Fuyons. Fuyez.
passé composé	j'	ai fui

Das unregelmäßige Verb ***fuir*** hat in der 1. und 2. Person Plural Präsens zur leichteren Aussprache ein ***-y-*** zwischen Stamm ***(fu-)*** und Endungen ***(-ons, -ez)***. Diesen Wechsel von ***-i-*** zu ***-y-*** in der 1. und 2. Person Plural Präsens kennst du schon von den Verben ***croire*** und ***voir*** ***(nous croyons, vous croyez; nous voyons, vous voyez)***.

31 Les dessins qu'elle a faits sont géniaux.

MF p.102

Die Angleichung des Partizips Perfekt nach *avoir* | L'accord du participe passé après *avoir*

Das weißt du schon

Subjekt	Verb	direktes Objekt
Tu	as lu	notre nouvelle bédé?
Lucie	a fait	les dessins.

Du hast gelernt, dass in den zusammengesetzten Zeiten ***(passé composé, plus-que-parfait, conditionnel passé)*** das Partizip Perfekt nach dem Hilfsverb ***avoir*** unveränderlich ist. Das ist immer dann der Fall, wenn das direkte Objekt hinter dem Verb steht.

Das ist neu

		Subjekt		direktes Objekt	Verb
– Tu as lu notre nouvelle bédé?	– Oui,	je		l'	ai déjà lue.
– Tu connais aussi les albums de Tardi?	– Non,	je	ne	les	ai pas lus.

Steht das direkte Objekt aber <u>vor</u> dem Verb, so ist das Partizip Perfekt auch nach ***avoir*** veränderlich. Du gleichst das Partizip in Genus und Numerus dem direkten Objekt an (nicht dem Subjekt!).

Das direkte Objekt kann nur <u>in drei Fällen</u> vor dem Verb stehen:

1. als direktes Objektpronomen ***(me, te, le, la, nous, vous, les)***

	Subjekt	direktes Objekt	Verb
La bédé d'Abouet?	Je	**l'**	ai mise sur l'étagère.
Léon et Tom,	le dessinateur	**vous**	a dessinés.

2. als Relativpronomen ***que***

	direktes Objekt	Subjekt	Verb
J'aime bien le texte	**que**	tu	as écrit et
les dessins	**que**	Lucie	a faits me plaisent beaucoup.

3. in der Frage nach dem direkten Objekt (mit ***quel*** + Nomen oder ***combien de*** + Nomen)

direktes Objekt		Subjekt	Verb
Quel dessinateur	est-ce que	tu	as vu?
Quelles bédés	est-ce que	tu	as achetées?
Combien d'albums	est-ce qu'	il	a déjà dessinés?

Hast du das verstanden?

▶ <u>Webcode</u>: APLUS-4-GH

Wähle die richtige Form des Partizips Perfekt aus und vervollständige die Sätze.

1. Combien de bédés est-ce que tu as *(acheté/achetés/achetée/achetées)*?
2. Tu veux regarder les photos que j'ai *(pris/prise/prises)* à Angoulême?
3. Voilà les dessins que Noah a *(fait/faits/faite/faites)*.
4. Sarah, on t'a *(vu/vus/vue/vues)* à Angoulême.

32 Liste der grammatischen Begriffe | Liste des expressions grammaticales

In dieser Liste findest du alle Begriffe wieder, die in den Grammatikheften von ***À plus!*** Band 1, 2, 3 und 4 verwendet werden. Die Zahlen in Klammern geben dir die Abschnitte an, in denen du ausführliche Erklärungen zu den Begriffen findest. Suchst du einen Begriff, der aus Nomen und einem anderen Wort besteht, musst du unter dem Nomen nachsehen. Erklärungen zum bestimmten Artikel findest du also unter: Artikel, bestimmter.

Adjektiv
(un adjectif), Eigenschaftswort. Beschreibt Personen oder Sachen: *Il est* ***grand***. (Er ist groß.) Die meisten französischen Adjektive stehen hinter dem Nomen: *un livre* ***intéressant***. Nur einige Adjektive stehen vor dem Nomen: *une* ***petite*** *rue* (eine kleine Straße). (p. 9–11/3) → Komparativ, → Superlativ

Adverb
(un adverbe), Umstandswort. Beschreibt Verben, → Adjektive oder andere Adverbien näher: *Elle parle* ***vite***. Viele Adverbien können von Adjektiven abgeleitet werden: *heureux/heureuse* → ***heureusement***. (p. 12–13/4; p. 37–38/17)

Akzent
(un accent). Im Französischen gibt es drei Akzente, die über einem Vokal stehen können: ***é*** *(accent aigu)*, ***è*** *(accent grave)*, ***ê*** *(accent circonflexe)*.

Apostroph
(une apostrophe), Auslassungszeichen. Zeigt an, dass an dieser Stelle ein → Vokal ausgelassen wurde: *l'armoire, j'habite, c'est, je m'appelle*.

Artikel, bestimmter
(un article défini), bestimmtes Geschlechtswort. Im Französischen gibt es zwei bestimmte Artikel für den → Singular: *le* und *la*. Der bestimmte Artikel im → Plural ist *les*. Einen sächlichen Artikel gibt es im Französischen nicht: ***le*** *garçon*, ***la*** *fille*, ***les*** *parents*. (p. 7/1; p. 8/1.1)

Artikel, unbestimmter
(un article indéfini), unbestimmtes Geschlechtswort. Im Französischen gibt es zwei unbestimmte Artikel im → Singular, *un* und *une*: ***un*** *garçon*, ***une*** *fille*. *Un* und *une* haben eine gemeinsame Pluralform *(des)*, die es im Deutschen nicht gibt: ***des*** *livres* (Bücher). (p. 7/1)

Artikel, zusammengezogener
(un article contracté). Die bestimmten Artikel *le* und *les* werden mit den → Präpositionen *à* und *de* zusammengezogen: *à + le = au; à + les = aux; de + le = du; de + les = des*. (p. 8/1.2)

Aussagesatz
(la phrase déclarative). Satz, der mit einem Punkt endet, wenn man ihn schreibt: *Ils habitent à Strasbourg*. (Sie wohnen in Straßburg.) Andere Satzarten sind der → Fragesatz und der Aufforderungssatz.

Bedingungssatz, irrealer
(la condition irréelle). Zusammengesetzter Satz, der aus → Hauptsatz und → Nebensatz besteht. Sagt aus, was in der Gegenwart geschehen würde, wenn eine bestimmte Bedingung erfüllt wäre. (p. 32–33/12)

Bedingungssatz, realer
(la condition réelle). Zusammengesetzter Satz, der aus → Hauptsatz und → Nebensatz besteht. Sagt aus, was geschehen wird, wenn eine bestimmte Bedingung erfüllt ist. (p. 26/8.6)

Befehlsform → Imperativ

Begleiter
(le déterminant). Wort, das ein → Nomen näher bestimmt. Es gibt unterschiedliche Begleiter: → bestimmter Artikel, → unbestimmter Artikel, → Possessivbegleiter, → Demonstrativbegleiter, → Fragebegleiter, → der Begleiter *tout*. (p. 7/1)

Beugung → Konjugation

Bruchzahl
(la fraction). Besteht aus Zähler und Nenner (2/3, ***deux tiers***). (p. 41/20)

conditionnel (présent, passé)
(Konditional 1 und 2). → Modus des Verbs. Das *conditionnel présent* wird verwendet, um höfliche Fragen oder Bitten *(**Pourriez**-vous me dire ...?)*, Vorschläge *(On **pourrait** aller au cinéma.)* und Ratschläge *(Tu **pourrais** l'aider.)* zu formulieren. Das *conditionnel présent* steht im → irrealen Bedingungssatz. Das *conditionnel passé* verwendest du, um Vermutungen zu formulieren *(À sa place, je ne **serais** pas **venu**.)* oder zum Ausdruck von Kritik oder Vorwürfen *(Il **aurait dû** prendre sa tâche au sérieux.)*. Das *conditionnel* hat keine Entsprechung im Deutschen. Es wird häufig mit dem Konjunktiv wiedergegeben. (p. 31–32/11; p. 32–33/12; p. 48/25)

Demonstrativbegleiter
(le déterminant démonstratif), hinweisender → Begleiter. Weist auf eine bestimmte Person oder Sache hin: ***ce*** *livre* (dieses Buch); ***cet*** *ordinateur* (dieser Computer); ***cette*** *fille* (dieses Mädchen). (p. 7/1)

Eigenschaftswort → Adjektiv

Einzahl → Singular

Endung
(la terminaison). Teil eines Wortes, der an den → Stamm des Wortes angefügt wird: *le**s** ami**s*** (Endung *-s* für den Plural); *Elle est grand**e**.* (Endung *-e* für die feminine Form). Bei Verben zeigt die Endung an, in welcher Person, Zeit und welchem → Modus ein Verb verwendet wird: *nous jou**ons*** (1. Person Plural Präsens), *je parler**ais*** (1. Person Singular *conditionnel présent*).

Entscheidungsfrage
(une interrogation totale). Frage, auf die du mit „ja" oder „nein" antworten kannst: *– Est-ce qu'on fait une balade? – Oui./Non.*

Ergänzung
(le complément). Satzteil, der eine Ergänzung zum Verb darstellt. Es gibt unterschiedliche Ergänzungen: → direktes Objekt, → indirektes Objekt, Ortsangaben. (p. 24/8.1; p. 61–62/33)

feminin
(féminin), weiblich. → Genus

Fragebegleiter
(le déterminant interrogatif), Interrogativbegleiter. Begleiter, mit dem du nähere Informationen zu einem Nomen erfragst. *Quel* wird dem Nomen angeglichen, vor dem es steht: ***Quel*** *livre?;* ***Quelle*** *table?* (p. 7/1)

Frage, indirekte
(une interrogation indirecte). Frage, mit der du wiedergibst, was eine andere Person gefragt hat. Die indirekte Frage wird mit der Konjunktion *si*, mit *ce qui, ce que* oder mit dem Fragewort der direkten Frage eingeleitet: *Louis demande* ***si*** *tu viens.* (Louis fragt, ob du kommst.); *Il se demande* ***pourquoi*** *tu ne viens pas.* (Er fragt sich, warum du nicht kommst.); *Elle veut savoir* ***ce que*** *tu fais maintenant.* (Sie will wissen, was du jetzt machst.) (p. 29–30/10.2; p. 43–44/22)

Fragepronomen
(le pronom interrogatif). Mit dem Fragepronomen fragst du nach Personen oder Sachen: *Lequel?, Laquelle?, Lesquels?, Lesquelles?* Im Unterschied zum → Fragebegleiter steht das Fragepronomen alleine, d. h. ohne nachfolgendes Nomen: *– Tu connais ce film? –* ***Lequel****?* (– Kennst du diesen Film? – Welchen?) (p. 28/9.3)

Fragesatz
(une interrogation). Im Französischen gibt es mehrere Möglichkeiten, einen Fragesatz zu bilden: die → Intonationsfrage, die → Inversionsfrage, die Frage mit *est-ce que* und die Frage mit → Fragewort. (p. 27–29/9)

Fragewort
Wort, das eine Frage einleitet, z. B. *qui? / qui est-ce qui?* (wer?); *qui est-ce que?* (wen?); *qu'est-ce qui?* (was?); *qu'est-ce que?* (was?); *pourquoi?* (warum?); *quand?* (wann?); *où?* (wo?). (p. 27–28/9.2; p. 28–29/ 9.4)

Fürwort → Pronomen

futur composé
(zusammengesetzte Zukunft). Zeitform des Verbs, mit der du ausdrücken kannst, dass eine Handlung in der Zukunft stattfinden wird. Sie wird aus einer konjugierten Form des Verbs *aller* und dem Infinitiv eines Verbs gebildet: *On* ***va aller*** *à Paris.* (Wir werden nach Paris fahren.) (p. 21)

futur simple
(einfache Zukunft). Zeitform des Verbs, mit der du ausdrücken kannst, dass eine Handlung in der Zukunft stattfinden wird. Im Unterschied zum *futur composé* besteht das *futur simple* nur aus einer Verbform: *On* ***regardera*** *ce film demain.* (Wir werden diesen Film morgen sehen.) Das *futur simple* verwendest du auch im → realen Bedingungssatz. (p. 21–22; p. 26/8.6)

Gegenwart → Präsens

Genus
(le genre), Geschlecht eines Wortes. Im Französischen gibt es nur zwei Geschlechter: maskulin (männlich) oder feminin (weiblich). Ein neutrales (sächliches) Geschlecht gibt es im Französischen nicht.

Geschlecht → Genus

Grundform des Verbs → Infinitiv

Hauptsatz
(la proposition principale). Satz, der mindestens aus einem Subjekt und einem Verb besteht: *Noah parle.* Ein Hauptsatz kann, im Unterschied zu einem → Nebensatz, alleine stehen.

Hauptwort → Nomen

Hervorhebung → *mise en relief*

Hilfsverb
(le verbe auxiliaire). Avoir und *être* sind Hilfsverben. Sie werden zur Bildung des → *passé composé*, des → *plus-que-parfait* und des → *conditionnel passé* verwendet. *Aller* wird als Hilfsverb zur Bildung des → *futur composé* verwendet. (p. 18–19; p. 41–42/21; p. 48/25)

imparfait
Zeitform der Vergangenheit. Du verwendest das *imparfait* hauptsächlich zur Schilderung einer bestehenden Situation, eines Zustands und für Handlungen, die in der Vergangenheit gleichzeitig verliefen, sowie für Handlungen, die sich in der Vergangenheit häufig wiederholt haben: *Ils* ***mangeaient*** *et* ***regardaient*** *la télé.* (Sie aßen und schauten fern.) (p. 20–21)

Imperativ
(un impératif), Befehlsform. Mit den Imperativformen des Verbs kannst du eine oder mehrere Personen auffordern, etwas zu tun: ***Lis. Lisons. Lisez.*** Der Imperativ wird auch häufig mit einem → Pronomen verwendet: *Regarde-**moi**.* (Schau mich an.); *Écoutez-**nous**.* (Hört uns zu.) (p. 17/5.5)

Imperativ, verneinter
(un impératif négatif). Mit dem verneinten Imperativ kannst du jemanden auffordern, etwas zu unterlassen: ***Ne pleure plus.*** (Weine nicht mehr.); ***Ne faites pas** ça.* (Tut das nicht.) Der verneinte Imperativ kann auch mit einem Pronomen verwendet werden: ***Ne m'énerve pas.*** (Nerv mich nicht.) (p. 17/5.5)

Infinitiv
(un infinitif). Grundform des Verbs, die zu keiner Person gehört, z. B. ***jouer, attendre, faire***. In dieser Form findest du Verben im Wörterbuch. Den Infinitiv eines Verbs brauchst du zur Bildung des → *futur composé*.

Infinitivergänzung
(le complément avec l'infinitif). Infinitive können als Ergänzung nach Verben oder anderen Ausdrücken stehen. Sie werden ohne → Präposition (*Elle aime **nager**.* / Sie schwimmt gerne.) oder mit den Präpositionen *à* oder *de* angeschlossen (*Il a oublié **de faire** ses devoirs.* / Er hat vergessen, seine Hausaufgaben zu machen.; *Elle a commencé **à ranger** sa chambre.* / Sie hat angefangen, ihr Zimmer aufzuräumen.) (p. 61–62/33)

Infinitivsatz
(la phrase infinitive). Mit den Präpositionen *avant de* und *après* kannst du Infinitivsätze bilden, mit denen du Vor- oder Nachzeitigkeit ausdrücken kannst. Einen Infinitivsatz kannst du nur verwenden, wenn er das gleiche Subjekt hat wie der Hauptsatz: ***Avant de partir**, elle m'a donné son adresse.* (Bevor sie gegangen ist, hat sie mir ihre Adresse gegeben.); ***Après avoir mangé**, elle est allée au lit.* (Nachdem sie gegessen hat, ist sie ins Bett gegangen.) (p. 26/8.7; p. 53–54/29)

Intonation
(une intonation), Satzmelodie: das Heben und Senken der Stimme im Satz.

Intonationsfrage
(une interrogation par intonation). Frageform, die nur am Heben der Stimme am Satzende zu erkennen ist. (p. 27/9.1)

Inversionsfrage
(une interrogation par inversion). Frage, in der das → Subjekt nach dem Verb steht: ***Connais-tu** cette histoire?* (Kennst du diese Geschichte?); *Que **faites-vous**?* (Was macht ihr?). (p. 27/9.1–9.2)

Komparativ
(le comparatif), Vergleichsform. 1. Steigerungsform des → Adjektivs, mit der du Personen und Sachen miteinander vergleichen kannst: *Il est **plus grand que** Robin.* (Er ist größer als Robin.) 2. Steigerungsform des → Adverbs: *Il court **plus vite que** son frère.* (Er rennt schneller als sein Bruder.) (p. 10–11/3.3; p. 12–13/4.3)

Konjugation
(la conjugaison), Beugung. Anpassung eines Verbs an das → Subjekt, z. B. *jouer: Elle **joue**.*; *avoir: Il **a** un chien.*

Konjunktion
(la conjonction), Bindewort. Wort, mit dem du zwei Satzteile *(Paul **et** Pauline)* oder Sätze *(Marie aime la musique **et** Valentin aime le sport.)* verbinden kannst, z. B. *comme, et, mais, ou, parce que* und *quand*.

Konsonant
(la consonne), Mitlaut (b, c, d, f, g …).

männlich → maskulin, → Genus

maskulin
(masculin), männlich. → Genus

Mehrzahl → Plural

Mengenangabe
(le quantifiant), z. B. *un litre de, beaucoup de, plus de, autant de*. Im Französischen verwendest du nach Mengenangaben *de*: *un kilo **de** farine* (ein Kilo Mehl). (p. 8–9/2)

mise en relief
(Hervorhebung), besondere Betonung eines Satzteils. Das → Subjekt wird mit *c'est / ce sont … qui*, Ergänzungen mit *c'est / ce sont … que* hervorgehoben: ***Ce sont** Hugo et Max **qui** se disputent.*; ***C'est** samedi **que** nous partons.* (p. 25–26/8.4)

Mitlaut → Konsonant

Modalverb
(le verbe modal). *Pouvoir, vouloir, savoir, devoir* sind Modalverben. Auf ein Modalverb folgt ein anderes Verb im → Infinitiv: *Elle **veut** chanter.* (Sie will singen.); *Il **peut** chanter.* (Er kann singen.)

Modus
(le mode). Der Modus eines Verbs gibt darüber Auskunft, ob eine Handlung tatsächlich stattfindet oder ob sie nur erdacht oder erwünscht ist. Im Französischen gibt es vier Modi: Indikativ (Wirklichkeitsform) (*Je **viens** à sept heures.* / Ich komme um sieben Uhr.), → Imperativ (Befehlsform) (***Viens** à sept heures.* / Komm um sieben Uhr.), → *subjonctif* (der keine Entsprechung im Deutschen hat) (*Il voudrait que je **vienne** à sept heures.* / Er möchte, dass ich um sieben Uhr komme.) und → *conditionnel* (*Je **viendrais** à sept heures, si je pouvais.* / Ich würde um

sieben Uhr kommen, wenn ich könnte.) (p. 23/6.2; p. 31–32/11; p. 36–37/16; p. 48/25)

Nebensatz
(la proposition subordonnée). Satz, der von einem → Hauptsatz abhängig ist und nicht alleine stehen kann. Es gibt unterschiedliche Nebensätze: → Relativsatz, → Bedingungssatz. (p. 26/8.5–8.6; p. 32–33/12)

Negation → Verneinung

Nomen
(le nom), Hauptwort. Wort, das eine Person oder eine Sache bezeichnet und meistens einen → Begleiter hat: *le* ***copain*** (der Freund); *ma* ***copine*** (meine Freundin). (p. 7/1)

Numerus
(le nombre), die Zahl. → Singular oder → Plural

Objekt, direktes
(le complément d'objet direct). Ergänzung, die ohne → Präposition direkt nach dem Verb steht: *J'aime* ***la musique***. (Ich liebe Musik.) (p. 24/8.1; p. 61–62/33)

Objekt, indirektes
(le complément d'objet indirect). Ergänzung, die mit einer → Präposition an das Verb angeschlossen wird: *Il parle* ***à son prof***. (Er spricht mit seinem Lehrer.); *Il parle* ***de son prof***. (Er spricht von seinem Lehrer.) (p. 24/8.1; p. 61–62/33)

Objektpronomen, direktes
(le pronom objet direct). → Pronomen, mit dem ein → direktes Objekt ersetzt werden kann: *On fait* ***le gâteau*** *ensemble. – On* ***le*** *fait ensemble.* (Wir backen den Kuchen gemeinsam. – Wir backen ihn gemeinsam.) (p. 13–14/5.1)

Objektpronomen, indirektes
(le pronom objet indirect). → Pronomen, mit dem ein → indirektes Objekt ersetzt werden kann: *Il écrit des mails* ***à Lisa***. *– Il* ***lui*** *écrit des mails.* (Er schreibt Lisa Mails. – Er schreibt ihr Mails.) (p. 13–14/5.1)

Partizip Perfekt
(le participe passé). Form des Verbs, die du zur Bildung des → *passé composé*, des → *plus-que-parfait* und des → *conditionnel passé* brauchst, z. B. ***parlé, fini, attendu***. Das Partizip Perfekt wird nach dem Hilfsverb *être* dem → Subjekt angeglichen: *Elles sont allé**es***. Nach dem Hilfsverb *avoir* wird es an das → direkte Objekt angeglichen, wenn dieses vor dem Verb steht: *Voilà les photos que j'ai* ***prises***. (p. 18–19; p. 55/31; p. 63)

passé composé
(zusammengesetzte Vergangenheit). Zeitform des Verbs, mit der du Handlungen schilderst, die in der Vergangenheit stattgefunden haben. Das *passé composé* bildest du mit der konjugierten Form eines → Hilfsverbs (*avoir* oder *être*) und einem → Partizip Perfekt: *Ils* ***ont joué***. (Sie haben gespielt.) (p. 18–19; p. 21)

passé récent
(*venir de* + Infinitiv). Wird verwendet, um auszudrücken, dass eine Handlung gerade beendet worden ist: *Il* ***vient de*** *manger.* (Er hat gerade gegessen.) (p. 22)

passé simple
(einfache Vergangenheit). Zeitform der Vergangenheit, die fast nur in der geschriebenen Sprache verwendet wird und deren Gebrauch etwa dem des → *passé composé* entspricht: *Elle* ***parla*** *à son mari.* (p. 49–50/26)

Passiv
(le passif), Leideform. Einen deutschen Satz im Passiv drückst du im Französischen häufig mit einem Satz im Aktiv aus. Du verwendest einen Aktivsatz mit *on* oder mit einem reflexiven Verb: Hier wird französisch gesprochen. – *Ici,* ***on parle*** *français.*; Das wird so geschrieben. – ***Ça s'écrit*** *comme ça.* (p. 36/15)

Personalpronomen, unverbundenes
(le pronom personnel disjoint). *Moi, toi, lui, elle, nous, vous, eux, elles* verwendest du nicht vor einem Verb, sondern alleine stehend, nach → Präpositionen, nach *c'est* / *ce sont* oder zur Verstärkung vor einem → verbundenen Personalpronomen: *Je rentre* ***avec lui***. (Ich gehe mit ihm nach Hause.); ***Moi, je*** *rentre.* (Ich gehe nach Hause.) (p. 13–14/5.1)

Personalpronomen, verbundenes
(le pronom personnel conjoint), persönliches Fürwort. *Je, tu, il, elle, on, nous, vous, ils, elles* verwendest du vor konjugierten Verbformen. Verbundene Personalpronomen sind immer → Subjekt des Satzes. (p. 13–14/5.1)

Plural
(le pluriel), Mehrzahl. Die Mehrzahl eines Wortes wird durch seine → Endung angezeigt, bei → Nomen und → Adjektiven meistens mit *-s*: *la bédé – les bédé**s***; *grand – grand**s***. Der Plural der → bestimmten Artikel *le* und *la* ist *les*, der Plural der → unbestimmten Artikel *un* und *une* ist *des*.

plus-que-parfait
(Plusquamperfekt). Zeitform der Vergangenheit. Wird aus der *imparfait*-Form eines → Hilfsverbs (*avoir* oder *être*) und dem → Partizip Perfekt eines Verbs gebildet. Das *plus-que-parfait* beschreibt Handlungen, die vor anderen, ebenfalls in der Vergangenheit liegenden Handlungen stattgefunden haben: *Lundi, il était fatigué parce qu'* ***il avait*** *beaucoup* ***travaillé*** *dimanche.* (p. 41–42/21)

Possessivbegleiter
(le déterminant possessif), besitzanzeigender Begleiter. Gibt den Besitz oder die Zugehörigkeit an: ▶

***ma** chambre* (mein Zimmer); ***notre** appartement* (unsere Wohnung). (p. 7/1)

Präposition
(la préposition), Verhältniswort. Zeigt zeitliche, räumliche und andere Beziehungen zwischen Personen oder Sachen an: ***après** l'école* (nach der Schule); ***dans** ma chambre* (in meinem Zimmer). (vordere Umschlaginnenseite; p. 24/7.1)

Präsens
(le présent), Zeitform des Verbs, mit der du Handlungen schilderst, die in der Gegenwart stattfinden, oder mit der du allgemeingültige Aussagen machst: *Elle **chante**.* (Sie singt.) (p. 17/6.1)

présent duratif
(être en train de + Infinitiv*)*. Wird verwendet, um auszudrücken, dass eine Handlung gerade stattfindet: *Elle **est en train de** manger.* (Sie isst gerade.) (p. 22)

Pronomen
(le pronom), Fürwort. Wort, mit dem du Nomen oder Eigennamen ersetzen kannst. Es gibt unterschiedliche Pronomen: → Personalpronomen (verbundene und unverbundene) → Objektpronomen (direkte und indirekte, → Reflexivpronomen, → Relativpronomen, das Fragepronomen *lequel* und die Pronomen *y* und *en*. (p. 13–17/5; p. 28/9.3; p. 44–45/23)

Rede, direkte
(le discours direct). Wörtliche Wiedergabe einer Äußerung, die im geschriebenen Text in Anführungszeichen gesetzt wird: *Marc: **«Je rentre.»*** (Marc: „Ich gehe nach Hause.»)

Rede, indirekte
(le discours indirect). Mit der indirekten Rede gibst du wieder, was eine andere Person gesagt hat. Die indirekte Rede wird im Französischen immer mit der → Konjunktion *que* eingeleitet: *Elle dit **que** ...* In der indirekten Rede in der Vergangenheit steht das Verb der Redeeinleitung in der Vergangenheit: *Il **a dit** que ...* Danach müssen im Nebensatz einige Zeitformen der Verben verändert werden, z. B. *Il **a dit**: «Je <u>joue</u> chaque jour.» – Il **a dit qu'**il <u>jouait</u> chaque jour.* (p. 29/10.1; p. 43–44/22)

Reflexivpronomen
(le pronom réfléchi), rückbezügliches Fürwort. Reflexivpronomen stehen vor einem → reflexiven Verb. Sie stehen in der gleichen Person wie das → Subjekt des Satzes: *Les enfants **s'**amusent.* (Die Kinder amüsieren sich.) (p. 13–14/5.1)

Relativpronomen
(le pronom relatif). Bezieht sich auf Personen oder Sachen, über die etwas Genaueres ausgesagt werden soll. Mit einem Relativpronomen leitest du einen → Relativsatz ein. Du kennst die Relativpronomen *où, qui, que, ce qui, ce que, lequel* und *dont*. (p. 14–15/5.2; p. 44–45/23)

Relativsatz
(la proposition relative). → Nebensatz, der mit einem → Relativpronomen beginnt. Er gibt zusätzliche Informationen zu Personen oder Sachen, die im Hauptsatz genannt sind: *C'est le garçon **qui** fait du handball.* (Das ist der Junge, der Handball spielt.) (p. 14–15/5.2; p. 44–45/23)

Satz
(la phrase). Besteht mindestens aus → Subjekt und Verb. Es gibt unterschiedliche Arten von Sätzen: → Aussagesatz und → Fragesatz; → Hauptsatz und → Nebensatz. (p. 27–29/9; p. 26/8.5–8.6)

Selbstlaut → Vokal

Singular
(le singulier), Einzahl. Singularformen gibt es bei → Nomen, → Verben, → Adjektiven, → Pronomen und → Begleitern.

Stamm
(le radical). Ein Verb besteht aus einem Stamm und einer → Endung: ***parl**-ons*.

Stellung des Adjektivs → Adjektiv

Subjekt
(le sujet), Satzgegenstand. Der Teil eines Satzes, über den etwas ausgesagt wird: ***Yasmine** est drôle.* Nach dem Subjekt fragst du mit „wer?" oder „was?".

subjonctif
→ Modus des Verbs. Nach bestimmten Verben und Ausdrücken musst du den *subjonctif* des Verbs verwenden. Der *subjonctif* steht in einem → Nebensatz, der mit *que* eingeleitet wird: *Il faut que tu **partes**.* Im Deutschen gibt es keine Entsprechung zum *subjonctif*. (p. 23/6.2; p. 36–37/16)

Superlativ
(le superlatif). Höchste Steigerungsform des Adjektivs (*C'est **la plus belle** actrice.* / Das ist die schönste Schauspielerin.) und des → Adverbs (*Il court **le plus vite**.* / Er rennt am schnellsten.) (p. 11/3.4; p. 13/4.4)

Tätigkeitswort → Verb

Teilungsartikel
(un article partitif). Artikel, der eine unbestimmte Menge begleitet: ***de l'**eau* (Wasser); ***du** lait* (Milch); ***de la** farine* (Mehl). Im Deutschen gibt es keinen Teilungsartikel. (p. 8/2)

Verb
(le verbe), Tätigkeitswort. Ein Verb besteht aus einem → Stamm und einer → Endung. Verben werden dem → Subjekt eines Satzes angeglichen.

Es gibt regelmäßige Verben, die alle gleich konjugiert werden (z. B. *regarder, jouer*) und unregelmäßige Verben (z. B. *être, faire*). (p. 63; hintere Umschlaginnenseite)

Verb, reflexives
(le verbe pronominal). Rückbezügliches Verb, vor dem immer ein Pronomen steht, das → Reflexivpronomen: *Elle* ***se baigne***. (Sie badet.) Nicht jedes Verb, das im Französischen reflexiv ist, ist es im Deutschen auch. Reflexive Verben haben in den zusammengesetzten Verbformen das Hilfsverb *être*: *Elle* ***s'est baignée***. (Sie hat gebadet.) (p. 18; p. 63)

Verhältniswort → Präposition

Verneinung
(la négation). Die französischen Verneinungen *ne ... pas, ne ... plus, ne ... jamais, ne ... rien, ne ... personne* bestehen aus zwei Teilen: *Ne* steht vor dem konjugierten Verb und *pas/plus/jamais/rien/personne* dahinter. Nur *personne* steht in den zusammengesetzten Zeiten hinter dem Partizip/Infinitiv. (p. 25/8.3) *Personne ne ..., rien ne ...* entsprechen dem deutschen „niemand" und „nichts". *Ne ... ni ... ni* entspricht dem deutschen „weder ... noch ...". (p. 33–34/13; p. 51–52/27)

Vokal
(la voyelle), Selbstlaut (a, e, i, o, u, y).

weiblich → feminin, → Genus

Zukunft, zusammengesetzte → *futur composé*

33 Die Verben und ihre Ergänzungen | Les verbes et leurs compléments

A	
adorer qn/qc / + *Inf.*	jdn/etw. sehr gerne mögen, lieben etw. zu tun
s'agir de qc	sich um etw. handeln
aider qn (à + *Inf.***)**	jdm helfen (etw. zu tun)
aimer qn/qc / + *Inf.*	jdn/etw. lieben, etw. gerne tun
s'amuser à + *Inf.*	Spaß daran haben, etw. zu tun
applaudir qn	jdm applaudieren
apprendre à + *Inf.*	lernen etw. zu tun
apprendre qc (sur)	etw. lernen/erfahren (über)
arrêter de + *Inf.*	aufhören etw. zu tun
arriver à qc / à + *Inf.*	etw. erreichen/schaffen, schaffen etw. zu tun
assister à qc	dabei sein, an etw. teilnehmen
associer qn/qc à qc	jdn/etw. mit etw. verbinden
attendre qn/qc	auf jdn/etw. warten
avoir besoin de qn/qc	jdn/etw. brauchen
avoir besoin de + *Inf.*	etw. tun müssen
avoir envie de qc	auf etw. Lust haben
avoir envie de + *Inf.*	Lust haben etw. zu tun
avoir le droit de + *Inf.*	das Recht haben etw. zu tun
avoir peur de qn/qc	vor jdm/etw. Angst haben
avoir peur de + *Inf.*	Angst haben etw. zu tun

C	
être capable de + *Inf.*	fähig sein etw. zu tun
changer qc	etw. (ver-)ändern
changer de qc	etw. wechseln
commencer à + *Inf.*	anfangen etw. zu tun
compter sur qn	auf jdn zählen
conduire qc	etw. steuern, fahren
confier qc à qn	jdm etw. anvertrauen
confisquer qc (à qn)	(jdm) etw. wegnehmen
conseiller qc à qn	jdm etw. raten
continuer à/de + *Inf.*	fortfahren etw. zu tun
convertir qn à qc	jdn zu etw. bekehren
correspondre à qn/qc	jdm/etw. entsprechen
croire qn/qc	jdm/etw. glauben

D	
décider qc	etw. entscheiden, beschließen
décider de + *Inf.*	sich entschließen, entscheiden etw. zu tun
décider de qc	über etw. bestimmen
demander (qc) à qn	jdn (nach etw.) fragen
demander à parler à qn	nach jdm fragen
demander à qn si ...	jdn fragen, ob ...
détester qc/qn / + *Inf.*	etw./jdn hassen, hassen etw. zu tun
devoir + *Inf.*	etw. tun müssen
dire qc (à qn)	(jdm) etw. sagen
discuter de qc	sich über etw. unterhalten, über etw. diskutieren
donner qc à qn	jdm etw. geben
être doué/e pour qc	für etw. begabt sein

E	
échanger qc contre qc	etw. gegen etw. tauschen
écouter qn	jdm zuhören, auf jdn hören
écrire qc (à qn)	(jdm) etw. schreiben
empêcher qc	etw. verhindern
empêcher qn de + *Inf.*	jdn daran hindern etw. zu tun
envoyer qc (à qn)	(jdm) etw. schicken
espérer + *Inf.*	hoffen etw. zu tun
essayer de + *Inf.*	versuchen etw. zu tun

F

faire qc	etw. machen
finir qc	etw. beenden

G

garder qn	auf jdn aufpassen
garder qc	etw. behalten

H

hésiter à + *Inf.*	zögern etw. zu tun

I

s'identifier à qn/qc	sich mit jdm/etw. identifizieren
interdire (à qn) de + *Inf.*	(jdm) verbieten etw. zu tun
être intéressé/e par qn/qc	an jdm/etw. interessiert sein
s'intéresser à qn/qc	sich für jdn/etw. interessieren
inviter qn (à qc)	jdn (zu etw.) einladen

J

jouer avec qn	mit jdm spielen
jouer à qc	etw. spielen (Sport, Spiel)
jouer de qc	etw. spielen (Instrument)

M

montrer qc à qn	jdm etw. zeigen
se moquer de qn/qc	sich über jdn/etw. lustig machen

O

s'occuper de qn/qc	sich um jdn/etw. kümmern
offrir qc à qn	jdm etw. schenken, anbieten
oser + *Inf.*	sich trauen etw. zu tun
oublier de + *Inf.*	vergessen etw. zu tun

P

parler à qn	mit jdm sprechen
parler de qn/qc	über jdn/etw. sprechen
participer à qc	an etw. teilnehmen
passer chez qn	bei jdm vorbeikommen
passer par qc	durch etw. fahren
passer pour qn/qc	für jdn/etw. gehalten werden
passer qc	etw. spielen, zeigen *Film, Sendung*
passer qc à qn	jdm etw. reichen
penser à qn/qc	an jdn/etw. denken
permettre à qn de + *Inf.*	jdm erlauben etw. zu tun
se plaindre de qn/qc	sich über jdn/etw. beklagen
plaire à qn	jdm gefallen
pouvoir + *Inf.*	etw. tun können (in der Lage sein)
préférer qn/qc / + *Inf.*	jdn/etw. vorziehen / lieber mögen, etw. lieber tun
présenter qn/qc (à qn)	(jdm) jdn/etw. vorstellen
se présenter à qn	sich jdm vorstellen
promettre (à qn) de + *Inf.*	(jdm) versprechen etw. zu tun
promettre qc (à qn)	(jdm) etw. versprechen
proposer qc à qn	jdm etw. vorschlagen, anbieten
proposer (à qn) de + *Inf.*	(jdm) vorschlagen, anbieten etw. zu tun

R

raconter qc (à qn)	(jdm) etw. erzählen
réfléchir à/sur qn/qc	über jdn/etw. nachdenken
reparler de qc à qn	noch einmal mit jdm über etw. sprechen
répondre à qn/qc	jdm antworten, etw. beantworten
reprocher qc à qn	jdm etw. vorwerfen
ressembler à qn/qc	jdm/etw. ähneln
réussir qc / **à** + *Inf.*	etw. schaffen, schaffen etw. zu tun
rêver de qn/qc	von jdm/etw. träumen
rêver de + *Inf.*	träumen etw. zu tun

S

savoir qc	etw. wissen, können (gelernt haben)
servir à qc	zu etw. dienen, von Nutzen sein
se servir de qn/qc	jdn/etw. benutzen
servir qn/qc	jdn bedienen, etw. servieren
signaler qc à qn	jdm etw. melden, mitteilen
sortir	hinausgehen, ausgehen; anlaufen *Film*
sortir qc	etw. hinausbringen, herausholen
sortir avec qn	mit jdm zusammen sein
souffrir de qc	an etw. leiden
se souvenir de qn/qc	sich an jdn/etw. erinnern
suivre qn	jdm folgen, jdn verfolgen

V

vendre qc (à qn)	(jdm) etw. verkaufen
venir de + *(pays)*	kommen aus + *(Land)*
voler qc (à qn)	(jdm) etw. stehlen
vouloir qc / + *Inf.*	etw. wollen, etw. tun wollen

AUF EINEN BLICK

Wann wird das Partizip Perfekt verändert?

! Immer dann, wenn du in zusammengesetzten Verbformen (▶ Auf einen Blick, p. 64) ein Partizip Perfekt verwendest, musst du an die Veränderlichkeit des Partizips Perfekt denken. Das ist der Fall im ***passé composé***, im ***plus-que-parfait*** und im ***conditionnel passé***.

Nach dem Hilfsverb ***être*** wird das Partizip angeglichen dem:	Nach dem Hilfsverb ***avoir*** wird das Partizip angeglichen dem:	
Subjekt	**direkten Objekt**	**Subjekt**
– bei allen nichtreflexiven Verben, die das Hilfsverb ***être*** haben 1 ***(arriver, aller, descendre, entrer, monter, partir, rentrer, rester, revenir, sortir, tomber, venir)*** – bei allen reflexiven Verben 2 (z. B. ***se promener***)	– wenn das direkte Objekt **vor** dem Verb steht: als Objektpronomen 3 als Relativpronomen ***que*** 4 nach ***quel*** 5 nach ***combien de*** 6	– NIE!
Beispiele: 1 Elle est revenue vers 10 heures. 2 Ils se sont promenés longtemps.	3 – Tu as lu la lettre? – Non, je ne l'ai pas lue. 4 Voilà la lettre qu'elle m'a écrite. 5 **Quelle lettre** est-ce que tu as écrite? 6 **Combien d'albums** est-ce qu'il a dessinés?	

AUF EINEN BLICK

Die einfachen und die zusammengesetzten Verbformen

(Beispielverben: *arriver, finir, prendre*)

Einfache Verbformen	Zusammengesetzte Verbformen	
présent j'arrive nous finissons ils prennent	**passé composé** je suis arrivé/e nous avons fini ils ont pris	**présent duratif** je suis en train d'arriver nous sommes en train de finir ils sont en train de prendre
imparfait j'arrivais nous finissions ils prenaient	**plus-que-parfait** j'étais arrivé/e nous avions fini ils avaient pris	
passé simple j'arrivai nous finîmes ils prirent		**passé récent** je viens d'arriver nous venons de finir ils viennent de prendre
futur simple j'arriverai nous finirons ils prendront		**futur composé** je vais arriver nous allons finir ils vont prendre
conditionnel présent j'arriverais nous finirions ils prendraient	**conditionnel passé** je serais arrivé/e nous aurions fini ils auraient pris	
subjonctif présent que j'arrive que nous finissions qu'ils prennent		